# Memorias
## De Un
# Secuestro

Clarisa Casals-Castillo

PAGE PUBLISHING, INC.
Conneaut Lake, PA

Primera publicación original de Page Publishing 2020

ISBN 978-1-64334-574-1 (Versión Impresa)
ISBN 978-1-64334-575-8 (Versión electrónica)

Libro impreso en Los Estados Unidos de América

*A mis hijos Gonzalo, Annette Carolina y Rafael Ángel,*
*pilares fundamentales en la vida de Clarisa.*
*A Rafael Ángel Urdaneta Díaz, mi esposo vivo aún en mis memorias.*
*Oscar Raúl y Enma Ramona, mis padres.*
*A Allegra, mi peluchona querida, causa de muchos de mis desvelos.*
*A todos mis antepasados familiares y a tantos Espíritus de amigos que*
*me antecedieron, desde luego —aún estoy aquí—, y cuyo aliento me*
*acompañó durante esos ochenta y tres días con sus ochenta y dos noches.*

ESTE LIBRO ESTÁ ESCRITO PARA cada uno de ustedes. No va imbuido por afanes literarios, simplemente es el relato de esa experiencia que fue el secuestro del cual fui víctima meses antes de cumplir los setenta años, sazonada con muchos de mis digresiones e incisos. Muchos de ustedes lo pidieron; otros sencillamente lo esperan en el entendido de que, para quienes me conocen, sus expectativas no están condicionadas a un estilo, sino simplemente, conocer de primera mano, que ocurrió durante mi permanencia en cautiverio.

No será un relato lineal, por ello conviene hacer aclaratorias, o advertencias previas. Suelo escribir como hablo, con sencillez, con palabras del día a día. Entre una cosa y otra, iré viviendo el día a día del regreso a mis actividades cotidianas y lo mismo estaré en Maracaibo que en algún otro lugar de Venezuela o fuera de ella, pero, hurgando en mí memoria o recogiendo lo que, de manera espontánea, emerja de ella. A ratos lucirá como una especie de diario, sin embargo, no lo será porque algunos recuerdos tienen su origen en esa fecha. De igual manera, habrá capítulos que serán percibidos como muy técnicos, los referidos a estadísticas y aspectos jurídicos, pero que por tratarse de mí experiencia; llevará a ustedes una variedad de ideas. Lo he dicho en múltiples oportunidades, no será un relato donde diga: me secuestraron, me hicieron o dejaron de hacer, me rescataron o liberaron y aquí estoy. Seguramente se preguntarían: ¿Y eso fue todo?

# Índice

Agradecimientos....................................................................9

Año Nuevo, vida nueva ........................................................11
Los hechos tal cual ocurrieron ............................................17
Camino a la incertidumbre...................................................20
La bienvenida.......................................................................22
Comienzan los videos..........................................................24
Prueba y expiación ..............................................................26
Videos como fe de vida........................................................27
Oyendo voces.......................................................................30
Jugueteando con el tiempo ..................................................31
El tiempo y sus efectos.........................................................33
El interrogatorio ..................................................................35
Quejas ciudadanas...............................................................38
Amenazantes ........................................................................41
Los 23 de enero ...................................................................44
El fígaro en acción...............................................................50
Cuando el silencio pesa .......................................................52
Un plácido domingo ............................................................54
Hilvanando recuerdos..........................................................56
El Guardián y yo .................................................................58
El renacer de la esperanza ...................................................60
Cuando no confías en la justicia terrenal ...........................62
Sorpresas te da la vida..........................................................63

Cuando la fantasía supera la realidad ...............................65

Pruebas de fuego .......................................................69

Interactuando con los negociadores ...............................72

De frente con los videos ...............................................94

¿Motivaciones? ..........................................................96

Un toque de frivolidad (I) ...........................................100

El secuestro en Venezuela. ..........................................101

A un año del rescate ...................................................105

La rueda de prensa......................................................107

Mensajes en el programa de televisión .........................109

Un toque de frivolidad (II) ..........................................114

Viajando con rumbo al norte.......................................116

De Maracaibo a Miami ...............................................121

Aproximación a Miami................................................122

El encuentro en la terminal .........................................123

Viajando a Nueva York...............................................124

Yo, la secuestrada.......................................................128

Por qué no me marché.................................................133

Epílogo.....................................................................135

Decisión de Fiscalía ...................................................137

Glosario de términos ..................................................139

Post epílogo ..............................................................141

# Agradecimientos

A Dios, ser supremo sin cuya voluntad no se desprende ni siquiera la hoja de un árbol.

Agradecer la naturaleza e impacto de este secuestro en mi vida, como prueba o expiación. Como prueba, siempre plenamente convencida de que, gracias a mi fe, amalgamada a lo largo de tantos años de vida, donde me ha tocado pasar por demasiadas situaciones, etapas o circunstancias de las cuales he logrado salir airosa siempre. Como expiación, aún no lo sé.

En ambos casos será cuando al cruzar la frontera entre los dos planos —terrenal y espiritual— al presentarme con mi balance general, donde se encuentren asentados mis débitos y mis haberes, se sabrá, lo sabré. Muy pocas veces en la vida me he planteado el clásico "¿Por qué a mí?". Desde niña me tocó asumir que, sencillamente, las cosas ocurren. En algunas de sus consecuencias concluí: Gracias a Dios que eso ocurrió así; y siempre dando gracias a Dios. Del resto, sencillamente pasaron y, por algo ocurrieron. Simplemente, algo tendría que aprender o enseñar, porque, al fin y al cabo, de eso se trata.

A mis hermanos, quienes en mayor o menor medida estuvieron proporcionándole apoyo moral, espiritual y económico a mis hijos. A todas mis amistades, unas más cercanas que otras, quienes estuvieron pendientes de lo que estuviera ocurriendo y que entendieron el silencio y la prudencia que hay que mantener ante esta situación, para no perturbar las gestiones que se realizan durante eventos como este.

A todos los cuerpos policiales que intervinieron para que se llegara exitosamente a mi rescate. A la Doctora Odális Caldera, Secretaria de Seguridad del Estado Zulia y Richard Álvarez, director de la Brigada de Antiextorsión y Secuestro (BAES).

De manera especial, al Comisario Luís Monroy, arteramente emboscado en la frontera colombo-venezolana. Agradecimiento sí, de manera aparentemente sencilla porque, allí donde se encuentra, mis oraciones le seguirán alcanzando al igual que aquellos que perdieron la vida en el momento de mi rescate; al fin y al cabo, donde ellos se encuentran, Dios no distingue, absolutamente nada más allá de que, simplemente somos sus hijos.

A quienes considerando que este es un libro cuyos hechos narrados han ocurrido en un lugar territorialmente muy bien delimitado, la ciudad de Maracaibo, estado Zulia, Venezuela, quizás pensarán que no tiene sentido leerlo, sin embargo, quiero animarlos, hay un hecho cierto y es que de toda experiencia ajena sacamos alguna experiencia propia, la lectura de un libro siempre algo nos deja.

También, a aquellas personas que, considerándose escritores, se me ofrecieron para escribir este libro, oferta que agradecí, pero declinando por considerar que quería y debía escribirlo "en primera persona" y como persona que con aciertos o no, se ha dedicado en muchos ratos a escribir; tengo un estilo muy particular y este libro no podía escapar a ello. No los menciono, pero, al leer este párrafo, ellos se reconocerán. De corazón, ¡gracias!

# Año Nuevo, vida nueva

Son las seis y once minutos de esta tarde de enero; los reflejos del sol cayendo sobre los vidrios de los ventanales de edificios vecinos y distantes, constituyen parte del embrujo que del Astro Rey sobre esta ciudad influye en mí. Mi gran amor al Zulia, y especialmente a Maracaibo, está circunscrito al sol, a el lago y a las diversas tonalidades de azul que a lo largo del día se desvanecen en la bóveda celestial, del azul intenso al celeste claro, y a esa gente que me ha dado tanto amor en esos casi cincuenta años de vivir aquí. En esta ciudad estudié, parí, amé y he sido ama de casa a tiempo completo, he sido criadora de conejos, presidenta de un aeroclub, me han atacado, me he y me han defendido. En ocasiones odié, perdoné; aquí, debo decir como el poeta, "confieso que he vivido".

Es una hermosa tarde, me deleito escuchando a José Feliciano interpretando canciones rancheras, me inclino a escribir, al menos una página de esas memorias que poco a poco emergen de una manera espontánea y consciente. Siempre recuerdo el amoroso consejo de nuestro gran dramaturgo Julio César Mármol, "Quien quiera escribir, debe tener disciplina, disciplina y más disciplina". Escribir cada día, así sea unas pocas líneas. Debo confesar que me ha sido relativamente fácil responder a las diversas preguntas que desde el veintitrés de diciembre de dos mil diez me ha hecho la gente, inclusive en la entrevista que me realizara la periodista Lala Romero en su programa de televisión y ello es así, quizás porque son recuerdos de una experiencia vivida en tiempo muy reciente y que, si se quiere, pareciera que algo dentro de mí quisiera vaciar estos recuerdos de manera casi inmediata como para no olvidar ningún detalle.

A José Feliciano le seguirá el inolvidable Cherry Navarro, y así, entre la música y la entrada de la noche de un viernes de febrero, continúo hilvanando recuerdos. Desde el primero de octubre de dos mil diez, cobran especial importancia para mí los días viernes. Fue un viernes, el veintiséis de septiembre de dos mil diez cuando un auto colisionó con el mío y en verdad, recapitulando, este es el saldo: cinco viernes de octubre, tantos de noviembre, tantos de diciembre, tantos viernes de enero y hoy, estamos a viernes dieciocho de febrero.

Continúo hurgando en los recuerdos, porque quiero compartir esta experiencia tan llena de sentimientos y emociones diversas para mí, lo cual no me será extremadamente difícil; motivación no me falta. Además, mucha gente espera lo que será un relato de primera mano de quién fuera protagonista y víctima de algo tan detestable como es un secuestro. Hay quienes sostienen que mientras más se hable de ciertos eventos padecidos, más prontamente se retornará a la casi normalidad.

Debo confesar que no he querido leer libro alguno o ver películas sobre el tema; sea Ingrid Betancourt, Clara Rojas, y otros que han sido víctimas de un acto tan reprochable y han querido compartir con el público su experiencia. En este sentido, considero que la experiencia de cada uno es personalísima.

Afloran a mi memoria los recuerdos. A eso de las cuatro y treinta minutos de la tarde, transitaba por la Avenida 5 de Julio, a la altura de la avenida 3G y crucé a la izquierda en sentido sur-norte. La ubicación del autobanco del Banco Mercantil muy próximo a la Plaza de la República me permite intuir lo que viviré en pocos minutos. Veo venir el automóvil que casi en segundos colisionará con el mío. Pienso de inmediato "Me va a llegar y si disminuyo la velocidad y freno, me va a impactar en el frente, y si acelero, me impactará a la altura de la maletera". Observo, sin embargo, que a pocos metros se encuentra un colegio para niños y algunos están siendo retirados por sus padres. En ambos casos, me hará girar sobre el eje del automóvil. Por fortuna, vengo a poca velocidad y ante lo inevitable, oro al Padre y le digo: "Padre, solo te pido que no impacte en mi cuerpo".

Convencida de lo inevitable, esperé el impacto con la esperanza de que el otro conductor hiciera algo por evitar la colisión; pero, lo cierto es que justo detrás de mi asiento, sin siquiera rozarlo, llegó el golpe. Allí quedó incrustado el parachoques del otro auto, dejándome bloqueada la salida por la puerta del conductor. Después de dar dos giros, uno de 360 grados, y otro de aproximadamente 345 grados; casi en la inercia, suavemente detuve el auto. Sin haber retirado las manos del volante, con tanta suavidad, pues ni siquiera una uña me rompí; me quedé tranquila, con una serenidad inmensa y esperando sin saber qué.

La gente se aglomeró alrededor del auto y unos más preocupados me decían: "Señora, ¡sálgase del auto! ¿Está bien? ¿Se golpeó?". Alguien que se detuvo y dijo ser médico, me conminó a que descendiera del auto. Yo sonriente les decía: "Tranquilos, estoy bien, ya me voy a bajar". Finalmente, pude hacerlo. El asunto es que, cinturón de seguridad aparte, algo muy hermoso me retenía, un abrazo tan amoroso como pocas veces, no porque no los haya recibido —¡Claro que sí!, y muchos— pero este, era tan especial y, solo hasta que sentí que "esos brazos" me soltaron; desabroché el cinturón de seguridad, me pasé al asiento del pasajero y, abriendo la puerta, bajé del auto, sonriendo, con la misma sonrisa y expresión de paz que me vieron el día en que fui rescatada de mi cautiverio aquella mañana víspera del día de Navidad. Esa es una de las tantas veces que he percibido con más intensidad la presencia de Dios en mi vida. Gracias a Él este accidente en lo personal, fue inocuo.

Maribel Seijas, la muchacha que trabajaba en casa y causante de aquella salida a esa hora de la tarde de un día viernes, cuando uno quisiera quedarse en casa para evitar el tráfico de locura que se instala en la ciudad, elevando el número de accidentes de tránsito, unos más fatales que otros, venía corriendo asustada hacia el lugar. Ella había podido ver todo y, como iban ocurriendo los acontecimientos, al ver tanta gente aglomerándose y no verme salir del auto, corría con desesperación.

Una vez levantado el choque por parte de las autoridades de tránsito, mi hijo Rafael Ángel, quién, además es médico, me llevó a una clínica para realizarme exámenes a fin de descartar cualquier efecto negativo; por fortuna, todo bien. Hasta en eso Padre, desde el fondo de mi corazón, ¡gracias, mil gracias!

Los días transcurren y con ellos, para mis actividades, he ido dependiendo de carritos por puesto para trasladarme, de colitas o aventones por parte de amigos y amigas, de taxis y de caminar si la distancia no era mucha. Así me encontró el domingo veintiséis de septiembre, día de las elecciones de los diputados que nos representarían en la Asamblea Nacional. Recorrí las cuadras que me separaban del colegio donde se encontraba el Centro de Votación en el cual me correspondía ejercer esa maravilla que constituye el derecho al voto, *derecho–deber* establecido en nuestra Carta Magna y el cual espero, seguir ejerciendo por muchos años. Al salir del centro de votación, pese a la poca distancia, decidí abordar el carrito por puesto ya que el calor del mediodía comenzaba a apretar. Los carritos por puesto en Venezuela, y especialmente en Maracaibo, son automóviles que se desplazan cubriendo rutas de la ciudad, transportando pasajeros que van a diversos destinos dentro de la misma o lugares aledaños.

Llegando a casa, atiendo la llamada de mi amiga Ana Moreno Santana y me pregunta si estoy en el Canal, le digo que no y le expongo las razones. Habíamos quedado en vernos allí para estar al tanto de los acontecimientos electorales. Como quiera que ella viene en camino le pido entonces que me "dé la colita", tengo que llevar el dulce de limonsón y el de lechosa o papaya, tan importantes en estas contiendas. Si el triunfo nos acompaña, lo saborearemos con dulce de lechosa o papaya. Como pueden ver, ese día fui pródiga en dulzura, llevé dulces de limonsón, lechosa o papaya y cerecitas verdes de huesito, la *grosella* o amarena criolla que fueron devorados por todos los concurrentes a ZuvisiónTv ese día.

La siguiente semana transcurrió con relativa tranquilidad, sin sobresaltos, dos almuerzos en restaurantes de la ciudad, uno por razones de trabajo en "Asaos" y otro, familiar, en Tony Roma's. En cuanto a mi trabajo en el Canal de Televisión ZuvisiónTv, por motivos del viaje a Europa pautado para el seis de octubre, me dediqué a dejar grabados por adelantado varios programas para la televisión.

De manera que, con muchos afanes llegó el primero de octubre, por fortuna. Basada en mi experiencia de otros viajes a España en temporada de otoño, tenía apartada toda la indumentaria apropiada para la estación otoñal, lo cual me permite desempolvar los trapitos que me acompañan en cada viaje en esa estación. Nos hacen sentir hasta elegantes y constituyen la razón de que siempre, detalles más, detalles menos, salimos con la misma ropa.

Es un día normal como tantos otros, solo que esta vez estoy motivada por una invitación concretamente a España; a continuar combinando el estudio, la disciplina con algo que disfruto tanto, viajar. Desde niña soñaba con que después de los sesenta años me dedicaría a viajar y así pensaba, viviría seis meses en Venezuela y otros tantos, en algún país del mundo donde me sintiera bien. Para nadie es un secreto que amo este país, mi país, Venezuela, de manera tan profunda que no concibo vivir en otro que no sea él y de manera particular, en este estado Zulia que un día me cautivó, me atrapó en esa maravilla que es su lago, sus zonas de médanos, las zonas xerófilas y las de montaña al pie de la Sierra de Perijá y la zona sur del lago que conforma el pie del monte andino, especialmente, lo que hoy es Municipio Colón, el relámpago del Catatumbo; no creo mentir o exagerar si digo que lo llevo en los tuétanos.

Es sabido por muchos que uno de los lugares en los cuales surge mi musa es un avión, sin embargo, esta vez, no he tenido que sentarme en la cabina de un avión en algún vuelo con destino a cualquier lugar de mi mundo, bastó sentarme en una cómoda butaca en la sala de mi hogar, de la mano de un buen libro, aprovechando la soledad de esta hora.

Debo confesar que no soy atraída a los países del Lejano Oriente o al África profunda y misteriosa. Soy latina y mediterránea y lo más que vagabundeo en mis elucubraciones en torno a la reencarnación es en predios irlandeses o escoceses. Me identifico plenamente con Portugal, España, Grecia, Italia y lo más próximo, al Oriente medio, el Líbano; país al cual me siento profundamente ligada, pero hasta allí y es más que suficiente. Dejo de lado la lectura del libro que me ocupa, estoy releyendo *El Sermón del Monte* de Emmet Fox y le pedí que me esperara un ratito para así, poder pergeñar algunas líneas para este compromiso, como es compartir esta experiencia, pero haciéndolo de manera que no resulte un "Me secuestraron, me maltrataron y me rescataron o me liberaron". Tampoco tiene que ser una radiografía, pero sí, los hechos tal cual se dieron, pero sin dramas; sencillamente ocurrió así.

# Los hechos tal cual ocurrieron

HOY ES VIERNES, PRIMERO DE octubre de dos mil diez. Me levanto muy temprano, aprovecho la oportuna llegada del agua al edificio donde vivo, pues, con la crisis de agua existente en nuestra ciudad, Maracaibo, vivimos en permanente racionamiento y, para mí una de las cosas más gratificantes que me produce un efecto tan relajante, es poderme bañar a sabiendas de que no se nos irá el agua mientras cantamos una cancioncita bajo la ducha disfrutando la suave caricia de la pastilla de jabón y el agua.

Por un rato me dejo envolver por la música de Cherry Navarro, cantante venezolano totalmente desconocido para las nuevas generaciones. Desfilan por mis oídos canciones como Norma, Si Dios me quita la vida, Que me importa el mundo y Me conformo con verte, entre otras. Le seguirá Marco Antonio Muñiz con su Escándalo, Que murmuren, Amor perdido, De lo que te has perdido, y cerrando, Por amor.

Ante este estímulo musical, mi pensamiento se va en automático a la década de los setenta, a esos tiempos hermosos, vividos con holgura en muchos aspectos, incluido lo emocional, a pesar de estar estudiando mi carrera, para graduarme de Abogado en la Universidad del Zulia. Los hijos eran promesas en desarrollo y así, iban creciendo. Yo, amando y siendo amada. No había lugar para el pesimismo. El futuro lucía como uno de esos días ideales para dar rienda suelta a mí otra pasión, volar con cielos despejados, soleados y sin viento.

Los recuerdos están aún muy próximos y así, viene a mi memoria que ese día, a las nueve de esa mañana aproximadamente, desciendo al nivel de la calle para tomar el taxi de línea e irme a mi lugar de trabajo, al Canal ZuvisiónTv. Son tiempos difíciles en los cuales nos sentimos tan inseguros y ya no nos atrevemos a abordar cualquier taxi en la calle, por temor a ser atracadas, secuestradas o violadas, y después, con buena suerte, dejadas desnudas o semidesnudas en cualquier monte en las afueras de la ciudad. Hace ya varios días del choque a mi automóvil y, si no hay nadie en casa que nos auxilie, no queda más remedio que llamar a la línea de taxis para que nos envíen uno.

Desciendo a la planta baja, no sin antes responderle a Maribel, la chica que me trabaja en casa, su pregunta de si vengo a almorzar. Le respondo que no, que me quedaré trabajando corrido hasta las tres de la tarde. Le recuerdo que viajaré a Europa el día seis de octubre y quiero dejar todo listo y claro; para el caso que surjan algunas situaciones en mi ausencia, se tenga las herramientas para enderezar o resolver cualquier situación o eventualidad. Maribel me hace la observación de que casi no estoy comiendo y que he adelgazado mucho. Me pregunta qué me está pasando, a lo cual le respondo: "Yo siento que me están preparando para algo que no sé lo que es". Así, me llevo el pasaporte por si lo necesito para gestionar los dólares con el Servicio Integral de Administración de Divisas (Cadivi). También llevo el maletín con mis papeles de trabajo. Uno no sabe cuándo llegaran los representantes del Servicio Nacional Integrado de Administración Aduanera y Tributaria (SENIAT), el ente tributario o de la Comisión Nacional de Telecomunicaciones de Venezuela (CONATEL), por mencionar solo tres, de los que por estos tiempos llevan a cualquier empresa por la calle de la amargura.

Una vez en el taxi, le digo al conductor mi destino, pero le pido que pare en la tintorería para dejar alguna ropa, quiero dejarla limpia y no endosarle detallitos pendientes a mi familia. Además, me conozco. Usualmente, viajo por determinado número de días, pero soy como el pájaro enjaulado, una vez que le es abierta la jaula, me da por alargar el viaje. Mi decisión de viajar a España y luego recalar en Nueva York para estar con mi hijo Gonzalo, quién en casi un año más tarde, estará llegando a los cincuenta. ¡Cómo ha pasado el tiempo! Cuantas cosas han transcurrido durante esos largos años y ya mi primogénito arriba a lo que, en mi juventud, muchos denominaban, el medio cupón.

Mientras recorremos el trayecto me regocijo pensando lo bien que espero pasarlo en Madrid, y luego, en Nueva York, aunque el diablito de la tentación me presenta imágenes de Santorini y París; conociéndome, como les decía antes, si no venzo la tentación, iré a parar a Grecia o a Italia, y luego, a la *Big Apple*, Nueva York. Nos detenemos en la tintorería, dejé la ropa y continuamos nuestro recorrido. Tomamos hacia la avenida San Martín y en la calle Ochenta, para los maracuchos, la esquina de los pollos Punto H, giramos a la izquierda para llegar al Canal de televisión ZuvisiónTv, mi lugar de trabajo. El taxi se detiene, procedo a pagar el precio de la carrera y descender, tomo la cartera y el maletín, no sin antes guardar el celular en este último. Ya fuera del taxi, veo aparecer frente a nosotros una camioneta de las denominadas 4x4, en este caso, una Explorer. No me extraña su llegada porque, en tanto al Canal de televisión que somos, asisten para ser entrevistados personalidades de la política regional y de otros lugares del país que tienen a bien visitarnos, e igualmente, artistas nacionales e internacionales.

Pienso: "Debe ser eso", sin embargo, inmediatamente veo descender tres hombres encapuchados portando armas cortas. Uno de ellos avanza hacia mí, me abraza fuertemente, me colocará un trapo oscuro en la cabeza para obstaculizarme la visibilidad. La última imagen visual que me llevo es la del conductor del taxi, el señor Fuenmayor, de la línea de taxis Polar, vecina a la iglesia Corazón de Jesús, con un billetito de veinte bolívares, el cambio del pago por la carrera que me hizo. Con esta imagen entre mis recuerdos, más de una vez sonreiré con dulce ironía en la soledad de mi refugio.

# Camino a la incertidumbre

EL CAPTOR ME CONDUCE HACIA la camioneta donde, sin delicadeza alguna, me empuja al interior, increpándome: "Subite, mardita". Mientras me arrastran hacia la camioneta, pienso en voz alta "Esto no me está pasando", y me lo repito dos veces más y percibo como una voz en mi interior diciéndome "Esto si te está pasando". De inmediato, acogiéndome a esa inmensa e intensa fe, adquirida a lo largo de muchos años desde mi infancia duramente vivida, estudiando en colegios de monjas, espiritualmente bajo el patrocinio de la Iglesia Católica, Doctrina Rosacruz AMORC, con el estudio de la Doctrina Espírita, el estudio del Curso de Milagros, al Ho'oponopono, constelaciones familiares, entre tantas corrientes por las cuales he transitado en la búsqueda de algo, me dirijo al Espíritu Santo y le digo: "Padre, te entrego esto. Quiero verlo de otra manera". Con esa entrega total pude soportar que me mantuvieran encogida entre el piso de la camioneta y el asiento trasero, hasta que me hicieron transbordo a un carro más pequeño.

Mi captor, además de someterme privándome de la libertad de movimientos, dedicó unos minutos a despojarme del reloj Longínes, cuyo máximo valor era haber pertenecido a mi esposo. El último regalo navideño de mis hijos a su padre. La pulsera dorada era sencillamente chapada o laminada en oro, solo que bien chapada, de acuerdo con el prestigio de esa marca. Como noté que se le dificultaba le dije "Si lo quieres, déjame quitarlo, no es necesario que me maltrates". Por supuesto, no me hizo caso. Lo sacó y se lo colocó, imagino, en el bolsillo del pantalón. Imagino también que el conductor del segundo auto, al cual me trasbordaron para llevarme a mi destino por ese día, no se habrá dado cuenta de que su compañero comenzaba a cobrar su parte del botín. Mientras hacemos el recorrido, solo hago oración al Espíritu Santo.

Al llegar al lugar donde permaneceré durante ochenta y tres días y tantas horas: desde el primero de octubre al veintitrés de diciembre a las seis y cincuenta de la mañana; me introducen en un espacio cuyas medidas calculo, de dos metros de largo, uno de ancho y dos y medio o dos y setenta y cinco aproximadamente de alto, puede decirse que es el espacio justo y necesario para colocar una colchoneta de tamaño individual, espacio que en lo adelante, denominé mi suite. Estaba toda pintada de color blanco, excepto en la pared que supongo fue rota para colocar la puerta que me comunicaba con el baño. Se ve que era reciente la elaboración de este trabajo. Pude observar que, con el paso de los días, la mezcla al secarse se va compactando, pero a la vez, se despegaba del marco de la puerta, que debo decir, no estaba en consonancia con el acabado del resto de la habitación. De todas formas, no había demasiado que mirar o caminar, sin zapatos y sin lentes; perdidos ambos en el momento en que fui desarraigada desde la acera del edificio donde funcionaba el canal, no era para volverse exigente.

Suelo decir desarraigada, porque es la palabra que más se aproxima a lo que sentí y la utilizo porque eso es lo que se siente con la brutalidad del momento; te arrancan de tu centro de apoyo, te desarraigan.

# La bienvenida

·····································································································································

Ese día, viernes, primero de octubre de dos mil diez, siguiendo las indicaciones del Arquitecto de los Sueños, Alfonso León, me encuentro toda vestida de blanco, exageradamente si se quiere, pues, según él, este era el color indicado para los nativos del signo de Piscis ese día. Zapatos, medias, pantalón, blusa, toda impecablemente vestida de blanco.

Durante este lapso me dediqué a recorrer palmo a palmo con mi limitada visión, el espacio de la habitación, mi suite en ese lugar, el cual, para no darle connotaciones dolorosas, lo denominé mi Spa. Tengo la impresión de que, en algún momento, ese espacio que decidí llamar spa, habitación o suite indistintamente, fue un depósito. En el techo se observan marcas como de cajas que, al ser apiladas, la última, quedó pegadita dejando su marca en la blancura del techo.

Los personajes encargados de darme la bienvenida y de brindarme la mejor atención durante mi estadía son dos. El primero, un gordo, aunque muy ágil, siempre encapuchado, me indicó que yo era su reina y ellos, mi única familia; y el otro, vestido de negro, quién en varias oportunidades repitió: "Si usted se porta bien conmigo, yo me porto bien con usted". Procuré no darles demasiadas vueltas a sus palabras y así, apliqué aquello de "Las cosas que por sabidas se callan y por calladas se olvidan".

Mientras recorríamos el trayecto para ser llevada al refugio, el sujeto que me llevaba sometida, poseedor de un marcado acento cachaco, me preguntó: "Mire cuchita, ¿usted sabe lo que es un chip?"; a lo cual le respondí que sí sabía. Luego me pregunta si yo tenía uno. Le respondo que no, a lo cual me riposta con esta clara amenaza, "Vea que si usted tiene uno y me lo niega, cuando la revisen, si se lo encuentran, la van a matar". En este punto le respondo que el único chip que llevo conmigo es el de Dios.

Esa tarde volvió "el gordito" a quien en el futuro identificaré como Vidal Sassón, para indicarme que tenía que desnudarme a fin de proceder a la revisión en busca del mencionado chip. Me ordenó despojarme de la ropa y, así lo hice. Le pregunté si el otro encapuchado tenía que estar ahí, tener que desnudarme delante de uno ya era bastante, pero bueno, me dije: ¡Adelante, Clarisa!

Con muchísima vergüenza, pero haciendo gala de gran serenidad, procedí a desvestirme. Cuando llegué a la faja sostén, ¿adivinan de qué color? ¡Blanca!, me percato de que tenía unos billetes en el seno y es que ese día como quiera que, no tenía quien me ayudara a realizar algunos pagos en el banco, hice como en tiempos de la abuela, me guardé en el *brassiere* los tres billetitos de color marrón cuyo valor era de cien bolívares cada uno destinados a un pago en el transcurso del día.

Le manifiesto a "mi revisor" que tengo este dinero, son trescientos bolívares, y le pregunto si los conservo conmigo o se los entrego. El me responde que como yo quiera. "Ah, —pienso— siendo así, pudiendo escoger, le voy a pedir que me compre estas medicinas, Plavix y Nexun". Recibió el dinero y al día siguiente en la noche mi Guardián, cumpliendo su palabra, me entregó una pastilla de Plavix de una cajita de cierta presentación y por la mañana el Nexum de una cajita de siete. En todo caso, un corto tratamiento que apuntaló mi cerebro y estómago para resistir todo lo que vendría después.

Los días pasarán lenta e inexorablemente hasta el diecinueve de octubre, fecha en que, según ellos, finalmente contactaron con mi hijo Rafael. Muchos días de espera angustiosa. Según ellos, mi hijo no había prendido el celular, lo cual era para mí sumamente difícil de creer, especialmente por sus diversas ocupaciones donde, el teléfono es la herramienta esencial.

# Comienzan los videos

Con el nuevo día, veinte de octubre, a eso de media mañana sentí ruidos e imaginé que organizaban el espacio vecino a mi habitación. Rato más tarde me conminaron a pasar, colocándome una venda en la cabeza, nunca supe para qué. Paso a pensar que era para taparme los ojos y luego por olvido o por la prisa la dejaron alrededor de mi cabeza. Me pidieron colaboración para evitar ser maltratada. Con cuidado me ayudaron a entrar en una carpa, me indicaron que me acostara, explicándome lo que iban a hacer. De esa forma, me colocaron un yelco y organizaron el escenario de tal manera que pareciera un espacio clínico o de hospital, por decirlo de alguna manera. Una vez terminada la grabación me condujeron de nuevo a la habitación. Al volver a la soledad, me quedé pensando en mi situación y, que iba a pasar cuando lo enviaran y cuál sería la reacción de mi familia.

Horas más tarde recordaría la conversación sostenida con un conocido millonario de la región zuliana, amigo de mi esposo. Coincidimos en una fiesta en el Salón Bolívar del Hotel del Lago, en mejores tiempos. Recordé que tocamos el tema de los secuestros, industria aún incipiente en ese entonces y, con mucho desparpajo, si se quiere, me comentó: "Ve, yo no voy a permitir que unos desgraciados vayan a poner a mi familia en situaciones de esa naturaleza. Yo eso lo tengo resuelto, cargo siempre conmigo una pastillita de cianuro, muy bien ubicada. Si por desgracia me llegara a ocurrir un secuestro, me mastico la pastillita y san se acabó. No puede ser que cualquier desgraciado venga a apoderarse de lo que a mí y a mi familia nos ha costado tanto esfuerzo, con verdadera sangre, sudor y lágrimas, hemos logrado construir un patrimonio sólido, producto del trabajo, no del ladronismo. ¡Que trabajen esos...!".

¡Qué recuerdos! Era una gran fiesta, se trataba de la celebración de los quince años de la hija de otro gran amigo de mi difunto esposo. Ante estas memorias me sonrío. Yo no tengo ni siquiera un caramelito o un chicle para endulzarme, menos para envenenarme. Además, yo nací para la vida. Dios me ha dado tantas oportunidades que sería un acto extremadamente censurable, sería su hija más desagradecida si ante tantos privilegios concedidos, le respondiera de esa manera, suicidándome.

Muchas veces me han preguntado porque con frecuencia hablo de un privilegio en relación a mi secuestro cuando eso implica la privación de libertad, que te despojen de todo lo que habitualmente es tu red de apoyo, es tu entorno, estar siempre bajo terribles amenazas, siendo humillados una y otra vez. Todo eso es cierto, pero a mí me tocó esa circunstancia con un morral espiritual apertrechado de fe, de amor, sintiéndome de la mano de Dios en todo momento y eso, el secuestro, pese a debilitarme un poco físicamente, me llevó a continuar hilvanando sueños y alimentando la esperanza de que; a pesar de estar convencida de que para esta gente lo verdaderamente importante era el dinero, algún día saldría de allí, de manera que para fantasear, simplemente pensé si era una prueba o una expiación.

# Prueba y expiación

EN ESTOS ÚLTIMOS AÑOS DE mi vida, ante un hecho que me cuesta entender porque ciertamente me considero una buena persona y, a lo mejor, no merecedora de una situación de este calibre, de esta naturaleza, simplemente me pregunto cómo debo verlo, si como una prueba o como una expiación. Si debo verlo como prueba, estoy plenamente convencida de que, gracias a mi fe, amalgamada a lo largo de tantos años de vida, en la cual me ha tocado pasar por demasiadas situaciones, etapas o circunstancias de las cuales he logrado salir airosa, he superado la prueba o las pruebas. Y en cuanto a calificarla como expiación, aún no lo sé. A la luz de mi manera de pensar, a medida que voy avanzando a través de los diversos senderos de la vida, pienso que será cuando al cruzar la frontera entre los dos planos —terrenal y espiritual— al momento en que me sea presentado el balance general de mi vida, en el cual se encuentren asentados mis débitos y mis haberes, se sabrá, lo sabré. Mientras tanto, no debo intentar conocer lo que no se conoce. Todo a su tiempo en el acá o en el más allá.

Hay algo de lo que he hecho una característica y es que, muy pocas veces en la vida me he planteado el clásico ¿por qué a mí? Desde niña me tocó asumir que, las cosas simplemente ocurren. En algunas de ellas analizando sus consecuencias, pienso: "Gracias a Dios que eso ocurrió así", y siempre, agradeciendo a Dios. Del resto, sencillamente pasaron y, por algo ocurrieron. Simplemente, algo tendría que aprehender o enseñar de cualquiera de esos hechos.

# Videos como fe de vida

PASADOS ALGUNOS DÍAS, SE PRESENTARON muy enfadados porque, según ellos, mi hijo les había dicho que ese video era un montaje. Después de oírles sus quejas que, en ocasiones, me hacían sonreír. Parecían muchachos jugando, y no contentos con los resultados del juego, reaccionaban molestos. En tal sentido les hice la siguiente observación: "Tienen que tomar en cuenta que mi hijo es médico y si algo no está bien, lo va a notar. Además, está al frente de un canal de televisión y, rodeado de gente con el conocimiento suficiente para indicarle aspectos sobre la calidad de un video". Por supuesto, se fueron muy molestos, despotricando e imagino que, a preparar la próxima fechoría.

Esta vendría días más tarde cuando después del mediodía y, como con las letras de cambio, sin aviso y sin protesto, me conminaron a salir de la habitación de confinamiento. Me trasladaron al espacio que fungía como "estudio de grabación" donde tuve que desnudarme una vez más y una vez sentada, me colocaron una granada de mano en el cuello, las muñecas y los tobillos encadenados, y procedieron a la grabación en la cual, el guion asignado fue, pedirle a mi hijo que, por favor, pagara los dos millardos que pedían por mí. Meses más tarde después de ser rescatada por las autoridades policiales, me enteraría, que la cifra exigida inicialmente, era de siete millardos de bolívares.

## El video de la granada

Este fue, sin duda para mí, uno de los peores momentos después de haberme desarraigado cuando llegaba a la sede del Canal, por múltiples razones: ¿qué necesidad había de presentarme desnuda? Es algo que mucha gente me pregunta. Creo que era suficientemente creíble el que estuviera con las muñecas y tobillos encadenados, aunado a la granada de mano como un macabro pandantif en el cuello. ¿Qué pueden sentir tus familiares y tus allegados ante una prueba de esta naturaleza? Sin embargo, me acojo a la idea de que, para ellos, es necesario quebrantar moralmente tanto al secuestrado como a sus familiares ante una prueba de esta naturaleza.

Cuando me retornaron a mi habitación, presa de una crisis de llanto que me duró por largo rato, trataban de calmarme, pienso que no les convenía un deterioro de la mercancía. Eso es lo que somos para ellos, una mercancía, más o menos valiosa. Me llevaron un vaso con agua y azúcar, lo cual es un privilegio más que un beneficio. En algunas ocasiones me dijeron que "el secuestrado no tiene derechos", expresión que procuré no olvidar en todo ese tiempo. Por fortuna, lo poco que pedí al comienzo de mi cautiverio, me lo facilitaron de inmediato: un rosario y una Biblia que jamás pude leer debido a que mis lentes habían sido rotos en el momento del secuestro al ser arrastrada para introducirme en la camioneta Explorer. Ese rosario que aún conservo, y que será mi compañero por mucho tiempo, así no lo use, es un símbolo visible de mi fe, fe que me sostuvo por ochenta y tres días con sus noches y ese amanecer que... jamás olvidaré. Desde entonces, cada día al amanecer lo primero que hago después de agradecer al Padre este nuevo día, es descorrer las persianas y abrir las ventanas para que, como suelo decir, entre Dios y agradecerle esta vida con sus altos y sus bajos, que por alguna razón me concedió.

Los días continúan transcurriendo, y a medida que pasan, el pago por el rescate se dificulta porque, según ellos, mi hijo se niega a pagar y las expresiones con las que se refieren a él son: pecueco, baboso, mal pario, hijo de tal, hijo de cual; palabras estas que, si bien no le rompen un hueso a nadie, son ofensivas. Obviamente, no puedo negar que todo eso me duele porque uno conoce a sus hijos y sabe cómo es cada uno.

A ellos, los secuestradores, les oía sin tomar partido ni molestarme, ¿para qué?, únicamente les decía: "¿Qué les puedo decir?, simplemente eso es lo que me tocó"; y recordando una frase oída unos cuarenta y cinco años atrás, se las repetí, "Uno cría hijos, no sentimientos" y allí quedó todo, en el por ahora, de aquel momento.

## Marcas en la espalda

En la oportunidad en que grabaron el video para mostrarle a mi familia las marcas del maltrato en mi espalda, prácticamente me desplomé. Vi la inyectadora y la sonda para la vena junto a mi tobillo y, sin haber cenado la noche antes y sin desayuno al momento, casi mediodía, me desplomé cayendo en muy mala posición. Les he comentado que el Guardián me dijo que no me pusiera con cómicas porque ellos no estaban jugando. Después de esa sesión fui instada a que me diera un baño, el agua a esa hora estaba terriblemente fría y por supuesto, quedé temblando y me metí en la colchoneta que fungía de cama. A mi lado se sentó este perpetrador a quién llamaré Picasso. Muy joven, su piel y sus extremidades así me lo indicaron. Me preguntó porque no estaba comiendo y le manifesté que en verdad no tenía mucha hambre. Me trajeron la comida que, por la hora, consideré sería desayuno-almuerzo, una arepa. Me comí apenas la mitad, pero el joven insistió en que me la comiera toda. Pienso que a estas alturas estaban un poco preocupados por mi pérdida de peso. Lentamente me comí la otra mitad no sin antes pedirle que me dieran otro poquito de café. Quise darme ánimos, pensando que al Picasso le habría molestado el tono duro del Guardián. Seguramente habrá pensado, "Si esto es estando yo aquí, que será en mi ausencia".

# Oyendo voces

AL MARCHARSE LOS MUCHACHOS Y ubicarme de nuevo en mi realidad, viene a mi memoria algo que me aconteció entre el tercer y cuarto día de estar allí y que me produjo una gran inquietud y otra que me permitió calmarme un poco.

En primer lugar "haber oído" una voz muy fuerte y podría decir, hasta cierto punto, amenazadora y esto fue; "del patrimonio familiar no tocarán absolutamente nada. Ese es un patrimonio obtenido con honestidad". Con el correr de los días, recordando lo que llamaré imagen auditiva, me produjo gran desazón. ¿Cómo voy a salir de aquí si no es, mediante el pago del monto del precio que le hayan puesto a mi vida? La única forma de que nosotros podamos erogar cualquier suma, es vendiendo lo que poseemos y, aun así, nos quedaríamos cortos. Para ellos, simplemente soy una mercancía y solo mediante el pago del rescate exigido, me liberarán.

El otro evento fue una voz interior quizás, que me intuyó con estas palabras: "Serenidad, mucha serenidad, pase lo que pase, oigas lo que oigas, hagan lo que hagan, mantén la serenidad. La serenidad es tu carta de salida de este lugar". Debo confesar que la serenidad fue mi compañera en todo momento. ¿Qué me la proporcionó? ¿Mi conexión desde el primer momento con el Espíritu Santo? No me cabe la menor duda.

# Jugueteando con el tiempo

ALGO QUE QUIZÁS PUEDE PARECER sorprendente y es que, en ningún momento perdí la noción del tiempo. Pasados algunos días, mi Guardián comenzó a preguntarme: "¿Qué día es hoy?"; y respondiéndole cada día, le fui indicando: "Once de octubre, cumpleaños mi hijo Rafael; catorce de octubre, los morochos Santiago y Mauricio; veintiuno de octubre, cumpleaños de mi hermano Roger; veinticuatro de octubre, día de San Rafael Arcángel y de Rafael Urdaneta el prócer zuliano y cerrando las celebraciones de octubre, el veintiséis, mi primogénito, Gonzalo Alberto. Así, seguiríamos, cuatro de noviembre, día de San Carlos Borromeo y cumpleaños de mi hermano Carlos Raúl, cinco de noviembre, mi hermano Marco Alberto; veintidós de noviembre día de Santa Cecilia, día del músico y del psicólogo respectivamente".

A medida que transcurren los días y los meses, llega diciembre y así, el día de la Inmaculada, el doce, día de Nuestra Señora de la Guadalupe y le hago la acotación, Patrona de México y Emperatriz de las Américas; veintiuno de diciembre, día del Espíritu de la Navidad y cumpleaños de mi hermana Tania Leonor. En verdad, solo llevé la cuenta de los días en las dos primeras semanas. Después, el día a día y los días por venir perdieron importancia, estaban por verse.

Con la llegada de las lluvias, las visitas escasearon, igual, en los días previos a las elecciones para parlamentarios, del cinco de diciembre y durante la crisis producida por las lluvias que azotaron gran parte del país y el estado Zulia. Según mis anfitriones, algunos de los miembros del equipo —como les denominé en muchos momentos— que me visitaban, fungían de guardaespaldas de personeros del gobierno, funcionarios del estado y de institutos autónomos, de parlamentarios y que ellos, simplemente eran soldaditos cumpliendo órdenes.

Incluso, uno de ellos llegó a decirme, "Yo soy como usted en el Canal", es decir —pensé— según su óptica, en mi caso concreto, desde conducir un programa de televisión, atender a los visitantes, servir un café o lo que se requiera y rematé, hasta hacer la limpieza si es necesario.

Con tanto tiempo para pensar, me ponía a hacer ejercicios con la imaginación, tratar de ubicar esas figuras fisonómicamente hablando, en la recepción, en el salón de espera del canal y, a lo mejor, dentro de alguno de los estudios, confundiéndose con los invitados, acompañando a alguno de los personajes entrevistados por nuestros periodistas o conductores de programas de diversa índole. Por supuesto, no llegaba a ningún lado. No has visto sus caras y eso hace más difícil tratar de ubicarlos en algún lugar del escenario que manejas.

Como les comentaba anteriormente, uno de ellos me decía que dentro de esa organización había integrantes del gobierno, policías, guardias nacionales, médicos, etc. Si esto es verdad o mentira, no me consta. Se jactaban sí, de que su organización tenía cobertura a nivel nacional, que a sus dirigentes les sobraba tiempo y dinero y, por eso, podían darse el lujo de negociar.

# El tiempo y sus efectos

EL TIEMPO TRANSCURRE INEXORABLEMENTE Y ellos, comienzan a impacientarse, a desesperarse. Se recrudecen las amenazas, se profundizan los interrogatorios. Cada vez que veía llegar a mi Guardián con las manos cubiertas con guantes de látex blancos, bolígrafo y papel, me preparaba para lo que venía.

Debo compartir con ustedes este dato, si se quiere simpático; a partir de los primeros diez días de cautiverio mi Guardián optó por llamarme "mi tía" pero, a la hora de los interrogatorios, se transformaba y podía percibirlo con un toque de crueldad. Ya estaba amenazada de que podían cortarme un dedo en principio y luego la mano y, hasta el brazo entero. Y no tenía que ponerlo en duda, a lo largo de lo que uno ha vivido se ha encontrado con aberraciones como esas y, peores. Así recordé el secuestro del nieto de uno de los hombres más ricos del mundo de esa época, Paul Getty, a quien, como se negaba a pagar el rescate, le enviaron un trozo de dedo de su nieto.

Pensando en estas cosas, me tomó por sorpresa la hora en que se presentaron y me ordenaron que me desnudara, a lo cual, por supuesto obedecí. Debo confesar que siempre hice lo que me ordenaban sin oponer resistencia alguna. En honor a la verdad debo decir, jamás se me ocurrió pensar que trataran de arrancarme la ropa de manera violenta.

Salí de mi habitación hacia el baño donde, tijera en mano, me informaron: "Le vamos a cortar el cabello". Me fotografiaron para el antes y una vez consumada su obra, me fotografiaron de nuevo, para el después o el ahora de aquel momento. Ese video lo enviaron a mi hijo valiéndose de una cuenta en Hotmail: pagapormi@hotmail.com; *password*: clarisa.

Es indudable que para mí fue un terrible momento, el que me hubieran desarraigado cuando llegaba a la sede del Canal, pero este, dejarme sin uno de los símbolos de mi feminidad, cortarme el cabello, me produjo mucha rabia; me preguntaba una y otra vez, además, ¿por qué habían de presentarme desnuda?

Como les he comentado anteriormente, en una de esas noches de fin de semana, cuando se presentó intempestivamente uno de mis secuestradores, el del acento cachaco[1] a quien decidí llamar "El Cucho". Idea que me surgió porque, cuando me llevaban al lugar de reclusión me preguntó: "Cuchita, ¿usted sabe lo que es un chip?"; a lo cual respondí que si lo sabía. "Vea pues, si usted me dice que no lo tiene y cuando ellos la revisen, se lo encuentran, la van a matar", a lo cual le respondí, el único chip que tengo es el de Dios.

Y nada más cierto que Dios en mí vida, ¿cuántas veces salí de Maracaibo acompañada apenas de dos o tres perros, o con una de mis dos viejitas, Ana Bodden o Antonia de Lanza, rumbo al Municipio Colón a las siete de la noche llegando a la zona a las once de la noche? ¿Cuántas veces bajé desde La Azulita o desde Mérida o La Grita a Santa Bárbara del Zulia también bajo las mismas condiciones? ¿A cuántos camioneros en las carreteras auxilié en la oscuridad de la noche de cualquier carretera por la que me encontrase transitando? Y no lo hacía por llevar la contraria a nadie, o por temeraria. Lo hacía sencillamente llevada por mis circunstancias de vida y ciertamente, mí amado Padre veló siempre por mí al igual que, cuando por las razones que haya sido, el secuestro se consumó, a plena luz del día y, a las puertas de mi lugar de trabajo. Cuando miro hacia atrás pienso que, ser secuestrado de noche tiene que ser espantoso. Lo que te llevas en tu memoria es la oscuridad. Yo me quedé con el sol rutilante que estaba presente al momento en que fui secuestrada y, con todas las imágenes gratas desde el recorrido de mi casa al Canal, las cuales acaricié durante muchos momentos en el transcurso de esos días.

---

[1] Dícese "cachacos" a los nativos de la región andina colombiana, Antioquia, Cundinamarca y Bogotá. A estos últimos, además de cachacos se les denomina rolos.

# El interrogatorio

EN UNA DE TANTAS NOCHES, el Cucho entró como un huracán ubicándose entre la puerta del baño y mi suite, colocando en el quicio o pretil, un machete pequeño o peinilla; exigiéndome que lo mirara a los ojos. Imagínense ustedes, mirarlo a los ojos cuando lleva puesto un pasamontaña. Estaba furioso porque según él, le habían "hecho bajar" de Colombia para resolver esto.

Viste deportivamente, un short y una chemise impecables, dejando al descubierto sus piernas, muy blancas (no faltará una de mis amigas que piense que hasta tuve la oportunidad de "bucearme" al tipo), calzado con medias y zapatos deportivos. Tal parecía que había venido directamente desde un campo de golf y tan fresco que, a lo mejor —pensé en el momento— llegó en helicóptero.

Me senté frente a él y me preparé para el interrogatorio que intuí, se venía encima y, no me faltó razón. Era parte del proceso que, en algún momento, se tenía que desarrollar.

"Hábleme de las propiedades de la familia". Serena y de manera calmada fui indicándole: "Una hacienda de 1.050 hectáreas en el Sur del Lago de Maracaibo". Cual Júpiter tonante me corrigió: "Eso es una finca". Para él, una finca es algo con más de cuatrocientas hectáreas, para mi gente, eso es un "revolcadero de burro", palabras textuales, se revuelca un burro y le queda la cola afuera. "Dos apartamentos en la ciudad de Maracaibo, Cuatro granjas de cinco hectáreas cada una en las vecindades del Aeropuerto de La Chinita, en Maracaibo". Llegados a este punto me dijo que no le fuera a hablar de yuca y yo, le respondí que precisamente es de lo que podía hablar, porque lo único que se está produciendo allí en las granjas son cultivos de yuca. Modestamente, pero es lo que hay.

"Hábleme de sus cuentas bancarias en el exterior y de cuantos dólares estamos hablando. Y, no me diga que los de CADIVI". Con segura parsimonia le respondo: "Lamentablemente, no tenemos cuentas en el extranjero y de las únicas divisas de este signo, denominado hoy el innombrable, son de los que, en un momento dado podré disponer".

Continuó su interrogatorio inquiriendo: "Dígame ¿en qué lugar tienen la caja fuerte?"; Le respondí: "Nosotros no poseemos cajas fuertes ni cosas por el estilo. Lo que manejamos lo hacemos mediante las cuentas bancarias".

"Dígame, ¿quién o quiénes son sus testaferros?". "Imagínense, ¿qué testaferros puedo tener yo o mi familia? Jamás he ocupado puestos en el gobierno ni manejado más sumas que las de una nómina de trabajadores en la hacienda y del personal doméstico en mi domicilio y firmar los cheques del personal del Canal". Así le informé que, ni tenemos testaferros ni somos testaferros de nadie. En verdad, no necesitamos de tales encubrimientos. Lo que tenemos y de lo cual vivimos, no requiere de tal figura porque es fruto del legado trabajado por mi difunto esposo, heredado en cierta medida de su padre y lo demás, producto del ejercicio de su profesión de abogado.

Insistió mucho en una joya específica que yo al momento no tenía ni por asomo en mi mente. Días más tarde, me recordaría de lo que constituyó manzana de la discordia familiar, por el hecho de haberla comprado en tiempos de enfermedad de un miembro de la familia. Hoy como ayer considero que esta hija de Dios tenía perfecto derecho a enamorarse de la prenda y, sintiéndome merecedora de una joya como esa, pude comprarla y efectivamente la adquirí. Los negociadores casi la convierten en punto de honor porque uno de ellos esperaba que su mujer la luciera la noche de navidad.

"¿Cuánto vale su avión?". Les respondo que el avión de mi propiedad, es el único bien propio que poseo. "No vayan a creer que vale millones de bolívares o de dólares. Está inoperativo desde hace varios años y se encuentra en el Aeropuerto La Chinita en Maracaibo. Si quiere vaya a verlo, debe estar cubierto de polvo y telarañas". Días más tarde uno de ellos me visitó para decirme que habían ido al aeropuerto y visto el avión en el hangar y que efectivamente, ambos estaban llenos de polvo y telarañas.

# Quejas ciudadanas

EN ESTE PUNTO NO PUEDO dejar de permitirme una digresión. Hace ya casi un año que no visito lo que para mí será siempre el Aeroclub. Les comento que, teniendo allí un avión en un hangar con unos cánones de arrendamiento cuyos valores han venido ascendiendo vertiginosamente. Por ejemplo, en los años dos mil cinco y dos mil seis, el canon era de sesenta y dos mil novecientos veintiocho bolívares. En el año dos mil siete, el canon de arrendamiento fue elevado a setenta mil trescientos noventa y seis con el impuesto al valor agregado (IVA). Para el año dos mil ocho, con el subterfugio de la reconversión monetaria observamos esta maravilla de cifra de ochenta y cinco con cuarenta y seis céntimos de Bolívar (Bs. 85,46). No me negarán que el impacto emocional y financiero se hace sentir.

En septiembre de dos mil nueve, un año justo antes de mi secuestro, avisaron que iban a reconsiderar y, llevaron el canon de hangar (hay que tomar en cuenta las medidas del mío que ahora, ironías del destino, siendo propio, lo tengo bajo la figura de concesión) a un mil doscientos ochenta (Bs. 1.280,00). Para el mes siguiente, octubre de 2009 ya estoy por un mil cuatrocientos sesenta y tres, con sesenta céntimos (Bs. 1.463,60) y así, se han colocado en un supersónico y ya vamos por cinco mil bolívares (Bs. 5.000,00) y tantos miles de bolívares más por infraestructuras que en su mayoría fueron construidas por los mismos propietarios de aviones, al igual que el edificio del Aeroclub que cobijó a un grupo de soñadores durante muchos años, con la escuela de tierra y aire y una cierta vida social, en la cual participábamos con nuestras familias. Cuando finalmente nos encontraron ya muy golpeados por las amenazas de secuestros en la región, el alto costo de los repuestos para los aviones, las limitaciones en lo que, pese a la cantidad de normativas existentes emanadas de la Organización Aviación Civil Internacional (OACI), la legislación venezolana y tantas otras normas reguladoras de la aviación general, civil y militar, hasta que, cual si fuera una expropiación, nos desalojaron de allí y nos llevan como dice una amiga mía, "a buchito de café y patada por el... trasero".

Menciono todo esto por lo siguiente, si yo que tengo un avión en ese Aeropuerto de Maracaibo y, así sea con retraso del pago en muchas ocasiones, continúo manteniéndolo —tener ese avión no ha sido con afán de lucro, ni público ni privado— uno pensaría que como propietaria que soy pudiera, por ejemplo, entrar al área de hangares y talleres después que salí del secuestro, y revisar lo que pudiera quedar de él. Pues no, no me lo permiten, si no obtengo un pase provisional, por un valor de cincuenta bolívares (Bs. 50,00) en el año dos mil once, no me permiten tener acceso ni siquiera a pie; yo me pregunto ¿cómo lograron ellos, mis secuestradores, entrar al área de los hangares del Aeroclub, copiar las siglas del avión y darme la información que me dieron?

Quizás sea como tantas cosas que ocurrían y que como ellos mismos decían: "¿Cómo cree usted que nosotros logramos pasar a todas partes? Simplemente mostramos una chapa (imagino que, de algunas de las instituciones policiales, judiciales y, paremos de contar) nos dejan pasar y, ni siquiera se asoman a revisar que llevamos en la parte de atrás del vehículo".

Otro aspecto del cual considero que vale la pena lo que yo llamo compartir información, es que con la finalidad de ponerme a derecho en el área del Aeropuerto de la Chinita, después de haber salido del Spa, además de pagar, lo cual es lo correcto, el deber ser, algo que no se discute, se lamenta sí, el exceso de fertilizante (incrementos) en el valor de los cánones de arrendamiento y requisitos injustificables pero que, en aras de preservar el bien allí depositado, se acata así sea a regañadientes. En este sentido, me exigieron realizar un curso de seguridad, la obtención de una carta de buena conducta otorgada por una junta comunal ubicada en Cerros de Marín, previa revisión por parte de la Intendencia de Maracaibo ubicada en avenida Bella Vista y una lista de requisitos. A mí, que tengo en el medio de la aviación zuliana desde mil novecientos ochenta y dos, transitando por esos predios, habiendo sido inclusive presidente del Aeroclub de Maracaibo, llevando en mi morral de vida, además, seis años como aeromoza en la Línea Aeropostal Venezolana en la década de los sesenta, de manera que cuesta entender entonces y mucho menos justificar que alguien como El Cucho, quién me confiesa que "En su pollera cagorria, él sacaba libres setenta millones de bolívares mensuales", se meta en actividades tan riesgosas como lo constituye el delito de secuestro. Estamos hablando de ochocientos cuarenta millones de bolívares al año, y digo yo, libres de "plumas y yacija", y donde estoy segura que, de impuestos, el fisco Nacional no recibe ni un centavo por ese concepto, y lo relevante a los efectos de este relato, que entraran y salieran de las instalaciones del Aeroclub, como Pedro por su casa.

# Amenazantes

HAN TRANSCURRIDO SEGÚN MIS CÁLCULOS, casi dos meses de estar secuestrada y ya sus amenazas van subiendo de tono, me venderán por una suma cuantiosa a un amigo suyo que se encuentra en la cárcel de El Envigado en Colombia y así, recuperaría lo invertido y, de paso, se ganaba un buen dinero. Me comentó que los secuestrados que pertenecían a los medios de comunicación, eran muy solicitados a la hora de los canjes. Igualmente me manifestó que los secuestradores de Roca, el hijo del empresario zuliano Calixto Rocca, habrían cobrado cuatro millardos de bolívares. ¡Diooos!

Esa misma noche me dijo que, si mi familia no pagaba, sus acciones serían, más o menos en este orden, matar al chofer de mi hijo. Luego, pondrían una bomba en el Subway de la Universidad "Rafael Urdaneta". "Vamos a ver qué hace su hijo cuando pongamos una bomba y se mueran unos cuantos niños ricos y luego, vamos a prenderle fuego a la ciudad". Como conversando consigo mismo repitió: "Vamos a ver qué hace su hijo cuando le matemos dos niños ricos y luego, le vamos a secuestrar a los niños". Con aire triunfal abanicó en el aire la revista dentro de la cual llevaba la hoja con la información que le di y me dijo, antes de salir: "Aquí llevo lo suficiente para su liberación". Antes de retirarse me confesó: "Teníamos muchos días preparando este secuestro. El jueves usted fue a almorzar con su hijo al Tony Roma's", y con voz preñada de resentimiento dejó caer: "A ese lugar van solamente los ricos. El secuestrado iba a ser su hijo", me comentó y, decidieron postergarlo por qué, según él, mi hijo se les había desaparecido, y no hubo más remedio que secuestrarme a mí. Ciertamente, por esos días fui a almorzar con mi hijo, pero no fue el jueves sino otro día lo cual, por supuesto, a los efectos, no tiene relevancia alguna.

Como he dicho en múltiples oportunidades, la gente tiene que saber que, lamentablemente, mucha de la información la obtienen del secuestrado cuando empiezan los interrogatorios. En mi caso, como madre, procuré dar la información más veraz posible y no lo digo por justificarme, si difícil es la situación del secuestrado, la de los familiares no lo es menos. Queda claro, por supuesto, que ningún secuestro es igual a otro ni todos los secuestrados reaccionan igual. Como individuos tenemos múltiples diferencias de acuerdo a nuestras experiencias de vida y, en consecuencia, diversas formas de reaccionar.

Rato después de marcharse El Cucho, mi Guardián comentaría que le propinó tres peinillazos con una peinilla (especie de machete) por la espalda y otro por la región torácica; porque según él, no habían hecho bien su trabajo. Supuestamente, le había dado igual trato a otros miembros del equipo. Verdad o mentira, no me corresponde juzgar al respecto; imagino que esas son manifestaciones propias y comunes dentro de sus relaciones, donde existe una cadena de mando y, con relaciones de más o menos poder.

Una vez que El Cucho se marchó, se pueden imaginar lo que una andanada de amenazas de tal magnitud produce en el ánimo de una madre qué ama y es amada de manera especial por sus hijos. Esa noche no dormí. Pese a mi serenidad y mi confianza en el Padre, se me dificultaba pasar por alto el peligro que amenazaba a mi familia. También pensaba en los secuestradores que estaban en contacto conmigo, sin embargo, debe quedar claro que cuando entran a formar parte del engranaje de una organización dedicada a algo tan abominable como lo es el secuestro, saben perfectamente en lo que se están involucrando.

He sostenido, sin embargo, que los guardianes estaban tan o más secuestrados que yo. De mi parte, al menos tenía mis oraciones y ese bagaje de recuerdos, las vivencias de mis casi setenta años bien vividos, según mi óptica. Siempre he considerado que para mi tiempo y mis circunstancias socioeconómicas, puedo decir que lo he tenido todo y mucho más. No siento que la vida me deba nada y, además, continúo con el corazón y la mente alertas y abiertos para lo que Dios aún me tenga destinado o por encomendar.

En ocasiones me decían: "A usted su hijo no la quiere. Vamos a ver si secuestrándole a la esposa, no va a correr a pagar". Ante esta amenaza, siempre le manifesté a mi Guardián, que eso más que un delito, era un pecado, porque uno de mis nietos era autista y ella, su madre, es la persona más idónea para ayudarle a alcanzar su rehabilitación".

# Los 23 de enero

Hoy es veintitrés de enero de dos mil once y se cumplen dos meses de mi rescate. Abro las persianas para disfrutar la vista de mi ciudad. El recuerdo de mis guardianes se apodera de mí. En mi programa *Contigo y aquí* tendré la presencia del conferencista espírita cristiano, Alipio González. Quizás al estar refrescando información sobre algunos aspectos del espiritismo cristiano o cristianismo espírita para mi programa *Contigo y aquí*, me conecta con estos personajes, que sea como sea, a la luz de las constelaciones familiares, entran a formar parte de mi sistema, como perpetradores en el primer caso, y envueltos en deudas del pasado o para el futuro en el segundo. Lo cierto es, de acuerdo a estas disciplinas, hemos estado encadenados por el pasado o lo estaremos para el futuro.

Hoy es veinticuatro de enero de dos mil once y mi hija me ha pedido que no esté más triste los días veintitrés de cada mes. Nos miramos y decimos al unísono: ¡Ya pasará!

Debo confesar que, es una sensación ambivalente. De una parte, alegría por la libertad recuperada; esa percepción de un horizonte espacial doméstico ilimitado comparado con lo que fue mi espacio, un metro de ancho por dos metros de largo y dos metros setenta y cinco centímetros de altura, durante dos meses, los ochenta y tres días que duró mi cautiverio. Por otra parte, la certidumbre de que como en una gran mayoría de situaciones, de circunstancias, la soga reventó por lo más delgado. Sin embargo, lo he analizado muchas veces y estoy consciente de que estos pensamientos no deben perturbar mi serenidad, mi paz y, mantenerme en la convicción de que ellos no son niños de pecho. Más de una vez lo he comentado con algunos allegados, no son niños de pecho, pero he sostenido también, que estaban más secuestrados que yo. Al menos yo con mis oraciones, con mi formación espiritual, con mis vivencias y experiencias de casi setenta años de vida. Vida relativamente hermosa si tomo en cuenta mi tiempo y mis circunstancias socioeconómicas, diría que lo he tenido casi todo. Lo he dicho en muchas ocasiones, no siento que la vida me debe nada. Cualquier situación atinente a mis padres, a mis hermanos y a mis hijos, lo adjudico a cada quién. Considero que, siendo individualidades interactuando con nuestros respectivos karmas, rémoras espirituales entrelazadas con lazos de amor y de odio, fortalecerán o vapulearán nuestras vidas con repercusiones en algún sentido en el entorno de cada uno.

En muchas ocasiones me han preguntado: Por qué ordenar misas para los guardianes que perdieron la vida en el momento de mi rescate; con sinceridad he manifestado lo que acepto y practico desde mi condición de católica, o más bien de cristiana en tanto seguidora de Jesús, pero igualmente echo mano de la doctrina espírita cuyos principios nos permiten pensar que es posible comunicarnos con ellos a través de la oración, poder dirigir mensajes de paz y de aliento a esos guardianes a quienes correspondió cumplir con el rol de perpetradores en mi secuestro. Lo que realmente importa es, les he perdonado y a la vez, les he pedido perdón por si tenía alguna deuda pendiente con ellos.

Entre visitas y viajar hacia el terruño llanero, han transcurrido dos meses y unos días de mi rescate y así, hemos llegado al cinco de marzo de dos mil once. Es un hermoso día en Maracaibo, mi amada ciudad, pudiendo disfrutar de un sol brillante, brisa primaveral en algunas horas matinales o vespertinas. ¡Comenzando y ya estamos en el sábado de Carnaval!

A través del gran ventanal contemplo el ir y venir de los autos que transitan por la avenida Bella Vista en sentido norte-sur y viceversa. De otra parte, puedo también contemplar a mis nietos mientras ven la televisión; Mau con su juguetito y Santi con un bol de cotufas. Me río con la imagen de Mau quién, sin dejar de prestar atención a su juguetito, extiende el brazo para pescar gallitos, palomitas de maíz, *pop corn* o cotufas del bol que poco a poco se va quedando vacío.

Es gratificante este cuadro familiar, especialmente, para alguien a quién le fue arrebatado el disfrute de las fechas de cumpleaños de sus hijos varones y de dos nietos. Por supuesto, si tengo que sopesar ambos momentos, ante la sola idea de haber perdido la vida y no poder disfrutar de esta escena familiar ahora real, palpable, es obvio que me quedo con este. Un aquí y un ahora, un presente perfecto no gramaticalmente hablando, sino porque lo estoy viviendo y disfrutando. Este compartir del ahora compensa con creces el resultado de cualquier elucubración pasada en ese sentido. No puedes más que agradecer a Dios el estar aquí.

## La Muerte de una combatiente

Esta mañana murió Lina Ron, lideresa de la Revolución Bolivariana. En verdad, toda muerte es lamentable. Sabemos que estamos en este planeta para cumplir una misión que solemos llamar "el plan de Dios". He recibido una lluvia de mensajes de texto de diverso calibre, a través de los teléfonos celulares. Con frecuencia nos apoyamos en dichos y dicharachos, refranes o proverbios para fundamentar lo que estamos diciendo. Hoy, con profunda tristeza he leído un sin número de ellos; desde "Quién a hierro mata no puede morir a sombrerazos", "Quién a hierro mata a hierro muere", hasta chistes relacionados con su apellido y diversas marcas de estos productos etílicos en nuestro país.

No soy quién para juzgar ni lo intento, pero, creo que, independientemente al hecho de morir, tuvo una muerte hermosa, sobre todo, no lo fue cruenta. Dicen que el dolor del infarto es terrible. Recuerdo a mi padre quien sufrió cuatro infartos con algunos intervalos relativamente largos, y el quinto, se lo llevó. Los resistió sentadito en una silla mientras veía algún programa en la televisión. En los anteriores, avisaba y venía el médico a atenderlo a domicilio. En uno de estos episodios, creo que en el penúltimo, recuerdo haberle acompañado en su habitación de la Clínica; fui desde Caracas donde yo vivía, hasta Acarigua, aprovechando el fin de semana y cuando nos separamos, no pensé que esta sería la última vez que le vería con vida; pareciera que uno piensa o siente que nuestros padres son inmortales.

Se me agolpan los recuerdos de tanta gente conocida que le amó y otros, desconocidos para la familia, pero que dejaron testimonio de buenas acciones realizadas por él y desconocidas por nosotros. En él se cumplía aquello que Jesús nos pidió, "Que tu mano izquierda no sepa lo que hace tu mano derecha".

De la muerte de la combatiente Lina Ron lamento la actitud de la gente, incluida gente de mi entorno, de mi afecto, porque estoy convencida de que ese no es el camino que nos conduce a la reconciliación y, por ende, a la paz. Por supuesto, no les estoy reprochando, simplemente, expreso y manifiesto una posición cónsona con mi criterio, con mi manera de sentir. Tampoco comparto la actitud de toda esa gente que vive anclada en el pasado. Cada día me convenzo más de que quién así vive, va muriendo poco a poco. En medio de todo, intento una oración pidiéndole a Dios que la coloque dónde a ella, según sus merecimientos, le corresponda.

Por cierto, que en este año dos mil catorce en el cual estoy dando lo que quisiera fuera la última revisión de estas memorias, la fecha de su deceso, fecha en la cual yo esperaba sería recordada la combatiente Lina Ron, sin embargo, pasó sin pena ni gloria. Como diría el también hoy fallecido periodista Óscar Yánez, "Así son las cosas".

Este cinco de marzo de dos mil once, ha sido un día intenso. Me llamaron, supuestamente, de una institución bancaria para darme la buena nueva, "Haberme otorgado una tarjeta de crédito súper especial y que, por la módica cuota de cuatro mil bolívares y algo más anual, deducida ya de la tarjeta, pasaré a disfrutar de una serie de privilegios". Ante mi respuesta de no haber solicitado tarjeta alguna y menos autorizado ese pago, la persona, un hombre, no le puedo tildar de caballero, simplemente un hombre, se desató en amenazas hacia mi persona de tal manera que desembocó en una discusión bastante subida de tono que requirió la intervención de uno de los miembros de la familia. Posteriormente, envié mensaje a una de los abogados de la entidad bancaria respectiva, notificándole el caso.

La importancia dada por mí a este evento radica en que, previo al secuestro, días antes de las elecciones del mes de septiembre para elegir a los parlamentarios que están actualmente (2011) en la

Asamblea Nacional, me llamaron, supuestamente de la Compañía Telefónica Nacional para ofrecerme el servicio internet con banda ancha, especialmente. En honor a la verdad, en principio me mostré interesada. Pensé que, en ocasiones por la noche pudiera dedicarme a navegar, limpiar el correo, investigar para mis programas, entre otros aspectos. Así que, en principio dije que sí, dos días más tarde me retractaría y llamé a la empresa para manifestar que ya no estaba interesada. Dos o tres días más tarde recibí una llamada de un representante masculino de la mencionada compañía telefónica, para decirme que iban a pasar para instalar el modem a lo cual le respondí, que ya no estaba interesada y que así lo había notificado a la empresa.

Siguieron insistiendo en que pasarían por mi apartamento y el jueves veintitrés de septiembre me llamaron a eso de las cinco y media de la tarde cuando regresaba en mi auto desde el trabajo a mi casa. Considerando que era tarde y molesta por la insistencia, le dije que, a esa hora, ni a mi madre que llegara le abriría la puerta. Perdiendo toda compostura el supuesto funcionario de la telefónica me dijo: "Ah no, si usted está rabiosa con alguien, no lo venga a pagar conmigo". Le dije que no estaba brava, que sencillamente estaba ronca por tener gripe y así me despedí. Al día siguiente me chocaron el auto en la calle 76 con la avenida 3G, hecho que no está vinculado a estos eventos.

El sábado veinticinco de septiembre, víspera de la fecha de elecciones para diputados, llamaron de nuevo, con la misma tónica a lo cual les dije nuevamente, que no lo iba a instalar porque ya tenía otro servicio de internet. Durante muchos años atrás, tenía cinco líneas telefónicas y cada vez que había elecciones, temporalmente y de manera misteriosa, "desaparecían" dos de mis líneas telefónicas; imagino que alguien se valía de ellas por alguna razón, a lo mejor vinculadas con las actividades propias de una elección presidencial o de diputados. En esta oportunidad debo decir con toda sinceridad, llegue a pensar, si habría algún interés en intervenir mi línea telefónica. Sin embargo, ¿con qué objeto? Más allá de ser la conductora de un programa de televisión en una planta de televisión regional, no justificaba para mí intervención alguna, y menos, tratándose de un programa de desarrollo personal y no de opinión.

Existe, sin embargo, una coincidencia, el viernes primero de octubre, fecha de mi secuestro, llamaron nuevamente, minutos antes de que bajara a tomar el taxi que me colocaría, sin saberlo, en bandeja de plata, para que los perpetradores consumaran su tarea que fue planeada con premeditación, alevosía y ventaja, todas causales agravantes de cualquier delito en el Código Penal por el cual me regí en mis estudios para recibirme de abogado y contenido del derecho conocido y ejercido durante parte de mi carrera. Si acaso existió una conexión entre estos hechos y empleados o trabajadores de la empresa en cuestión, solo Dios lo sabe.

# El fígaro en acción

UNA VEZ MÁS, LOS MUCHACHOS regresan furiosos porque "Su hijo se burló del video". No me rio ni me burlo, pero si les hago la observación una vez más, de que mi hijo es médico y puede haber detectado cualquier detalle que le restara credibilidad al video. Por supuesto, ¿quién soy yo para darle clases a quienes presumían en todo momento de ser una organización de cobertura nacional, conformada según ellos, por personeros del gobierno a cualquier nivel, guardias nacionales, policías de los diversos cuerpos policiales existentes en el país, especialmente a nivel regional, sobre cómo debe ser un escenario apropiado para la grabación de un video? Así que, ahora toca preparar otro video para enviarlo como prueba o fe de vida.

Tranquila y relativamente confiada, sin saber porque, me senté en la silla colocada a propósito. Primero cortó en largos mechones mi cabellera, colocándolos sobre papel periódico y luego remató a tijeretazo limpio, podría decir, casi podando lo que había sido la raíz de mis cabellos. Una vez terminada su tarea me tomó la segunda foto, la del después. Sin poder evitarlo les pedí me facilitaran un espejo.

En muchas ocasiones he manifestado que hay algo en mí, no sé si defecto o virtud y es que, ante situaciones como esa, el sentido del humor se hace presente y seguro que, en ocasiones, posiblemente, llega a ser un humor realmente negro y debo confesar que, no lo he execrado de mi comportamiento, de mi conducta, porque he llegado a la conclusión de que, si me funciona, allí se debe quedar. Cuando me miro en el espejito de lo que algún día fue una polvera, sin lentes y con la visión bastante borrosa les digo: "Con el debido respeto, ¿verdad que me veo más bonita que la Ministro de Asuntos Laborales?". Felicito al fígaro y le digo: "Hiciste un excelente trabajo, digno de Vidal Sasoon". Esto le causó mucha risa y varias veces antes de retirarse, me preguntó quién era ese y le expliqué que era un estilista que tenía su propia línea de productos para el cabello y una cadena de salones de belleza entre los cuales, uno en la Quinta Avenida de Nueva York, casi frente al famoso Hotel Plaza y muy cerca de Central Park.

En algún momento me habían facilitado un peine. Esa tarde, lo regresé a mi Guardián con estas palabras: "Ya no lo necesito más y seré más económica en el gasto de shampoo". Creo que casi percibí bajo su máscara una expresión de tristeza y su respuesta fue: "¿Qué necesidad había de esto? Si su hijo estuviera dispuesto a pagar, esto no hubiera ocurrido. ¿Hasta cuándo permite tantas humillaciones?". Demorándome unos minutos le contesté: "No olvides que Jesús nos dice: Los humillados serán ensalzados y los ensalzados serán humillados".

Esa tarde se asomó varias veces a mí suite, quizás para ver mi estado anímico. Le dije que no se preocupara, que yo iba a estar bien y, así fue. Los dos primeros días con sus noches después de haber trasquilado mi pelito, sentí mucho frío en mi cabeza. Me colocaba algún trapito para protegerme un poco. Si bien es cierto que no tenía una mata de cabellos, si eran lo suficiente abundantes para mantener una temperatura confortable en mi cráneo.

# Cuando el silencio pesa

HUBO UN PERÍODO DE SILENCIO por parte de los miembros del equipo hasta que una mañana apareció otro personaje a quién llamaré Freddy. La labor de este fue la realización del video con las marcas en mi espalda y con un marcador de color negro, resaltaron en el pabellón de mis orejas las zonas que serían amputadas o mutiladas. Este video, igual que los anteriores, iría con el siguiente aviso a la dirección en internet pagapormí@hotmail.com.

Al observar sobre una toalla en el piso del recinto el frasco de anestésico y la gomita o torniquete que se utiliza para buscar la vena y, el no saber si procederían a amputarme o mutilarme las dos orejas, de una vez me produjo ciertos temores. Debo confesar que, si bien es cierto que no me desmayé, si lo es que me desplomé, cayendo sobre mi pierna derecha, la cual me dolería durante toda la tarde y parte de la noche. Al desplomarme, mi Guardián me dijo: "No se ponga con cómicas"; a lo cual le respondí, que yo no estaba jugando y, su respuesta fue: "Nosotros tampoco".

En ocasiones creía estar en presencia del Dr. Hyde y Mr. Jekil, o de una especie de doctor Merengue. Duro y casi cruel. Una cosa era cuando parecía desvincularse de la organización y otras, había tal identificación que se hubiera podido pensar que era algo más que el celador designado para cuidar a esta secuestrada, me decía una y otra vez, "Si su hijo no paga, la vamos a... canjear, violar, a dejar morir de hambre".

Otro día, sin embargo, me manifestó que "Probablemente se iría, porque a él no le gustaba matar y no quisiera cumplir ese mandato con respecto a mi persona". "Muchas veces le he dejado la puerta sin seguro en la cerradura para ver si intenta escaparse".

En este sentido le reiteré mi convicción de que solo saldría de allí mediante el pago del monto que le habrían exigido a mi familia. La verdad es que, pese a todo mi apuntalamiento emocional, nunca me pasó por la mente la idea del rescate, no por pesimista, sencillamente, no me cruzó por la mente.

Unos días atrás me había comentado, que un secuestrado se había escapado y después de caminar treinta kilómetros dentro de la finca, había entrado en una casa a pedir ayuda; el resultado fue fallido. Los habitantes de la casa pertenecían a la misma banda. Como castigo, le ataron a un árbol y allí permaneció a la intemperie. ¿Hasta cuándo? No lo supe. En ese momento estaba tan convencida de estar en una finca y para no enrollarme pensé que, por alguna razón, me había tocado esta experiencia y, por ende, no valía la pena darle más vueltas al asunto.

El día en que me desplomé, durante la sesión del video con las marcas de la espalda y la marcación de las orejas; por la tarde y la noche, sentía tanto dolor en la pelvis y sin un analgésico al cual echar mano para aliviarme, le oré a Jesús, en su condición de *Médico sin igual*, nombre de un programa de la emisora Lumen, rogándole que me sanara, que con su manto me tocara y se llevara todo ese dolor físico y también el de mi corazón lacerado con tantos ataques. Que no me fueran a quedar secuelas. No quería ni imaginarme si me hubiera roto algún hueso, especialmente la cadera. Esto habría constituido una catástrofe para mí, en esa condición. Lo cierto es que, con el nuevo día, amanecí como si nada me hubiera pasado. Le di gracias a Jesús por todo y, especialmente, por haberme liberado de todas mis dolencias de la noche anterior. De alguna manera me sentí un poco como la hemorroísa, que, en su fe, determinó que el solo hecho de rozar el manto del Señor, le sanaría.

# Un plácido domingo

EN UNO DE LOS DOMINGOS vividos allí, se presentó una situación anómala. Se había ido la electricidad y me imaginé que habrían traído a alguien para que subsanara el daño. Debo expresar que, allí no se oía ni el aleteo de una mosca, pero, al no disponer del televisor que mantenían a todo volumen, pude oír una cantidad de voces que me causaba curiosidad, tomando en cuenta que el lugar donde yo me encontraba era, supuestamente, una finca. En silencio me pregunté, que clase de finca era esa, cuántos trabajadores tendría y, el alboroto que estaban causando. Horas más tarde me visitó el Guardián, me preguntó si había escuchado el alboroto, le dije que algo había oído. Me dijo que, era porque: como mi hijo no realizaba el pago, querían venir a desquitarse conmigo.

Me recomendó que, pasara lo que pasara, me quedara quietecita. Como el alboroto continuaba, varias veces vino y me preguntó si estaba asustada. Le comenté que no dejaba de preocuparme la situación, pero que tenían que entender que ni mi familia ni yo éramos culpables de que me hubieran secuestrado.

Cuando se ponen belicosos por esta razón, le manifiesto a mi guardián, que van a tener que notificar a los futuros secuestrados con un año de anticipación, avisándole que van a ser objeto de un secuestro y la necesidad de que ponga al día todo lo atinente a sus propiedades y elabore un dossier con todos sus documentos, delegue en algún miembro de la familia o en alguien de confianza el manejo de los bienes y con libertad de negociar, de manera que tan pronto lo secuestren esto sea resuelto a la mayor brevedad posible. Los secuestradores piensan que es muy fácil realizar el pago de lo que ellos exigen y no entienden que, en la mayoría de los casos, a los familiares de las víctimas de secuestro, les toca prácticamente parir; en muchos casos, desprenderse de lo poco que tienen o endeudarse en grande para complacer sus exigencias. Es cierto que ellos corren riesgos, pero no es menos cierto que están conscientes del mismo y a mayor riesgo, mayor es el monto exigido para la liberación. Ante esto, percibo bajo sus máscaras que me miran como diciendo, ¡*a vieja loca esta*!

# Hilvanando recuerdos

Para mucha gente, incluidos los que convivieron conmigo durante ochenta y tres días, la serenidad que mantuve durante ese período puede resultar atípica. A los de afuera les he manifestado que con excepción del día en que filmaron el video en el cual me grabaron desnuda, encadenada y con una granada colgada del cuello, en que se rompió el dique de mis emociones y le di rienda suelta al llanto y, sin exagerar, estuve llorando por aproximadamente una hora. Este fue sin duda para mí un terrible momento solo comparable al del desarraigo cuando llegaba a ZuvisiónTv, mi lugar de trabajo.

En muchas ocasiones, se burlaron de la información aparecida en la prensa escrita, el que supuestamente las cámaras de seguridad del canal hubieran grabado el momento de mi secuestro. Lo que ellos y yo no supimos, es que no fue solo ese momento sino la cantidad de veces que pasaron frente al canal esperando mi llegada y durante los días anteriores, seguramente, estudiando la zona dentro de la cual cometerían su fechoría.

Recordando las primeras veinticuatro horas de cautiverio, tratando de hilvanar todos los acontecimientos vividos, caí en cuenta de que ellos se encontraban en el estacionamiento del edificio donde vivo cuando abordé el taxi que me conduciría a mi lugar de trabajo. Al momento de aproximarnos a la taquilla de pago del estacionamiento del edificio por la salida a la Avenida "Bella Vista", ellos quedaron a la derecha del taxi y por el lado izquierdo estaba otro auto, de manera que, no era posible que me secuestraran allí mismo, gracias al poco espacio para abrir tanto la puerta de la camioneta de ellos y la del taxi en el cual viajaba, por ninguno de los dos lados.

Nos toman ventaja y nosotros salimos a la Avenida Bella Vista y al llegar al semáforo de la calle 72 para cruzar a la izquierda con rumbo norte, le pido al conductor para que nos detengamos en la Tintorería Lasa. Dejo la ropa y continuamos para el canal. Allí, sin saberlo, me esperaba lo que sería un secuestro que se mantuvo por ochenta y tres días.

# El Guardián y yo

EN REPETIDAS OCASIONES, EL GUARDIÁN se acercaba a la puerta del recinto donde estaba recluida y, encontrándome rezando el rosario me dijo: "Mi tía, rece por nosotros. También a nosotros nos matan gente". Le contesté que, también por ellos rezaba, "Cuando al rezar el Padre Nuestro digo: ruega por nosotros los pecadores, les incluyo a ustedes".

"Yo sé que igual voy a morir. Si me meten preso me matan en El Marite o en Sabaneta, y si fallo aquí, me matan ellos". Extraña confesión de quién en múltiples ocasiones me confiara que, en caso de que vinieran a rescatarme, tendría que ser con un Fiscal del Ministerio Público que él conociera. En esos momentos me preguntaba internamente, ¿será que tienen un circuito cerrado de televisión? Continuaba diciéndome: "Si así no ocurriera, yo lanzaría algo largo", ese algo largo, nunca supe de qué se trataba y me tirotearía a mí y, lanzaría una granada de mano, para que nos j... todos.

"El día que la ponga en el taxi para que vaya a reunirse con su familia yo le voy a decir estas palabras: Bienvenida a la vida, mi tía, porque hasta hoy usted estuvo del lado de la muerte".

En ocasiones no podía dormirme pronto, así que me aferraba a lo que convertí en especie de jaculatorias, "Por tu dolorosa pasión, ten misericordia de nosotros y del mundo entero", o bien, "Oh María, sin pecado concebida, ruega por nosotros que recurrimos a vos". Recuerdo que en una oportunidad mi Guardián me dijo: "Mi tía, a usted la protegen mucho". Le respondí, que yo rezaba con mucha fe y que del lado afuera, había mucha gente rezando, orando por mí. A todas estas, sencillamente me respondió: "No mi tía, es que de noche yo veo luces brillantes en su habitación".

Cada fin de semana, a partir del viernes en la tarde, era motivo de inquietud. Mi Guardián siempre me hizo creer que estábamos en una finca y de acuerdo a mis queridos anfitriones, "Una finca era una superficie de más de cuatrocientas hectáreas". En función del tiempo de recorrido desde que me secuestraron hasta llegar al lugar de hospedaje, incluido el transbordo de un auto al otro, me llevó a pensar que estaba en algún lugar ubicado por los lados de Tulé, en la salida hacia el Municipio Mara y, tomando en cuenta la distancia recorrida y el tiempo que calculé, no podía concebir una finca de tales dimensiones en la zona, sin embargo, en estos tiempos que corren en el país, cualquier cosa puede ocurrir.

Algunos indicios de la proximidad a la ciudad de Maracaibo, eran los apagones coincidentes especialmente en fines de semana, que canales como Televiza y Niños Cantores TV pudieran ser captados en el dial como 7 y 11 respectivamente, omitiendo la señal de cable.

# El renacer de la esperanza

EL MES DE DICIEMBRE AVANZA, y con él, uno de los pocos días en que mi ánimo decayó. Las navidades están próximas y no percibo ningún atisbo de que voy a salir de esta situación. Hoy es domingo diecinueve, me miro con detenimiento, no me había dado cuenta de que mi cuerpo se ha ido enflaqueciendo —perdí dieciocho kilos—. De la flexibilidad de mi cuerpo, debo decir, que allí sobre la colchoneta hacía una rutina de ejercicios que, además de permitirme liberar endorfinas, hacían que me mantuviera en mejor forma física y mental tomando en cuenta la circunstancia de cautiverio y sedentarismo.

Al finalizar el día, le pedí a mi Guardián, me abriera la puerta para pasar al baño antes de dormir, cuando regreso a la habitación y me dejo caer en la colchoneta, fue tanto el ardor que sentí en la región coxígea que me llevó a exclamar a Dios, exclamación que la sentí salir desde el fondo de mis entrañas: "Señor, ¿cuánto más va a durar esto?". Me quedé unos minutos en silencio y oí una voz muy suave y dulce que me susurró "Hija mía, no sufras más, tú sales de aquí el 24 en la mañana". Como quiera que estoy acostumbrada a algunas extrañezas en mi vida, mentalmente inquiero: "¿Quién me está hablando?"; y una vez más, la vocecita repite el mismo mensaje: "Hija mía, no sufras más, tú sales de aquí el 24 en la mañana". Este mensaje produjo una inmensa serenidad en mí, que me llevó a sentir tanta paz y como un bebé me recosté de medio lado, quedándome profundamente dormida hasta media mañana del día siguiente. Por supuesto, me desperté en plena efervescencia, pensando qué podía ocurrir y cómo iba a producirse mi salida de ese lugar.

Día del Espíritu de la Navidad, hoy es 21 de diciembre, día del cumpleaños de mi hermana Tania Leonor y de la llegada del Espíritu de la Navidad. Ya se dejaba sentir en el ambiente a través de los programas de televisión que oían mis guardianes, y que, por ser el espacio tan pequeño, también yo podía oírlos y hasta disfrutarlos, silenciosamente.

Cuando esa tarde me llevó la comida, el Guardián en tono amistoso me dijo, "Mi tía, usted tiene todavía posibilidades de salir, cuando yo tenga la seguridad de que han pagado, la enviaré a su casa en un taxi". Me dijo, además, que en el momento en que me colocara en el taxi rumbo a mi familia, él me diría estas palabras: "Mi tía, bienvenida a la vida, porque hasta hoy usted estuvo al lado de la muerte". A partir de ese momento, fue muy poco lo que hablamos.

El 22 de diciembre, a eso de las cinco de la tarde, tuvo la gentileza de llevarme un cafecito con un trocito de torta, y esa fue la última vez que le vi y oí. Por la noche, cuando solicité el paso para el baño, manifestándole que quería desconectarme temprano, me abrieron la puerta sin mediar palabra alguna de su parte, yo simplemente di las gracias y como lo hice costumbre, en voz alta, pedí a Dios que nos bendijera a todos y un hasta mañana que fue respondido con un Amén.

# Cuando no confías en la justicia terrenal

MUCHAS VECES PENSÉ: «NO CREO que la justicia se haga cargo de esto».
Después de salir del Spa, fui citada a la Fiscalía. El fiscal titular no se encontraba en su despacho y fui atendida por la fiscal suplente instruyéndome acerca de lo que se trataba. Me informó que, generalmente, estos casos "quedan así" por qué el rescatado o liberado se va del país o se cambia de ciudad. Me interrogó sobre si podría reconocer los rostros o las voces de los perpetradores, a lo cual respondí que absolutamente no. La razón fundamental, porque siempre estaban cubiertos con capuchas y estas impiden que la voz se oiga nítida, clara; produciéndose una distorsión de la misma.

Han pasado varios meses y aún no se me ha citado o notificado para que me presente de nuevo en la Fiscalía. Muy probablemente, con visos de seguridad, los perpetradores de mi secuestro quedarán impunes. Eso sin contar si mi secuestro fue de esos que son ordenados desde la cárcel, amparados en la tenencia de teléfonos celulares y una serie de privilegios obtenidos, quizás con dineros adquiridos precisamente por la extorsión o secuestros realizados. Al final, solo mis guardianes, encargados de cuidar la mercancía que era yo, pagaron con su vida al ser abatidos durante mi rescate. Alto precio a pagar por quienes, a lo mejor, son el eslabón más débil de la cadena del grupo a cuyo cargo estuvo ese doloroso hecho cuyas consecuencias aún no se han manifestado del todo.

# Sorpresas te da la vida

ESTABA TAN CONVENCIDA DE QUE, efectivamente, el lugar de mi cautiverio era en una finca, y si bien me sorprendí al ser sacada de allí por la pareja de funcionarios y ver tal cantidad de ranchos, unos mejores o peores que otros. Fue después de oír algunos noticieros que me enteré de que el sector se denominaba barrio La Lechuga, ubicado en los fondos de la Urbanización Villa Baralt. Posteriormente, me comentaron que ese barrio había surgido con los damnificados de Vargas en mil novecientos noventa y ocho a raíz de la llamada tragedia de Vargas, en el litoral guairense y que, para transitar por sus calles, "Hay que tener agallas, por los riesgos a los cuales se expone quién pretenda cruzarlo".

Los conspicuos visitantes para mí, eran el Cucho, el Picasso y el Vidal Sasoon. Sin embargo, para la prensa quedaron los nombres de los integrantes de la banda *Los Maracuchos*, considerada de alta peligrosidad y ellos son, Nelson José Fernández, Deivi Junior Urdaneta alias "El Mazorca", Richard Enrique Morales, Yuselix Chiquinquirá Atencio, Nelson José Fernández y Eleuterio José Fonseca. Quedaron pendientes otros dos integrantes, "El Pecueco" y "El Tata". Uno en Medellín, Colombia, y el otro, seguramente, preparándose para continuar extorsionando y secuestrando.

Por cierto, que a eso de las doce del mediodía del veintitrés de diciembre, cuando me llevaban a la sede del Cuerpo de Investigaciones Científicas Penales y Criminalísticas (CICPC), acompañados de un funcionario de esa institución, llamó el sujeto apodado el Pecueco, quien supuestamente se encontraba en Medellín, Colombia, para continuar extorsionando a mi hijo Rafael con la exigencia del pago: "Vas a dejar que matemos a tu madre, eres un...". Llama la atención que alguien que dice pertenecer a una organización del alcance del cual se ufanaban, habiendo sido liberada la víctima a las seis y cincuenta minutos de la mañana, a casi seis horas del hecho, no estuviese enterado ya de que cinco de los integrantes de la banda habían sido detenidos y los dos encargados del cuidado de la secuestrada, habían muerto durante el procedimiento de rescate. En ese ufanarse por lo organizados que estaban en su empresa, más de una vez me dijeron que no me preocupara a la hora de las mutilaciones porque, ellos tenían buenos médicos y lo que se hiciera, lo harían con anestesia y tomando las medidas de higiene y asepsia necesarias.

# Cuando la fantasía supera la realidad

EN OCASIONES, LA FANTASÍA SUPERA la realidad. La loca de la casa, como suelen llamar a la imaginación, se las ingeniaba para hacer más lacerante mis días y noches. Una de tantas noches, tuve un sueño con visos de pesadilla. Muchas veces me amenazaron con amputarme las manos y los pies, abalearme y tirarme a las puertas del canal de televisión. En uno de esos sueños, estaba con las orejas amputadas, sin manos y sin pies; toda mutilada y totalmente indefensa a expensas de cualquier cosa que me sucediera. Los perros de la calle y Globita —la perrita, mascota del canal ZuvisiónTv— en especial, se acercaron y solo la Misericordia Divina impidió que me hicieran daño. No sé cuánto tiempo transcurrió en el sueño hasta que finalmente alguien llamó para que enviaran una ambulancia.

Me trasladaron al Hospital Universitario desde donde estuvieron llamando a mi familia. Recuerdo, siempre en el sueño por supuesto, que me colocaron en la Unidad de Cuidados Intensivos y me encontré con mis hijos, Gonzalo, Rafael y Carolina. También estaban presentes dos personajes del ámbito espiritual, don Rafael Dalmau, personaje de la Orden Rosacruz (AMORC) en Barquisimeto, estado Lara, fallecido por allá en la década del setenta y quien de alguna manera fue mi guía espiritual durante mi adolescencia. Aún al día de hoy, tengo muy presente en gran medida sus consejos por lo pertinentes y la vigencia de los mismos. Con él me discipliné en la adquisición de la constancia, persistencia y tolerancia entre otras virtudes que han permitido fortalecer y moldear este carácter.

Otra persona presente en el sueño, fue el director de uno de los centros espíritas de la ciudad y me resultó extraña su presencia en estas escenas, en la vida real es alguien con quién no he tenido mucho contacto antes o después de mi secuestro.

La situación era simplemente dramática y, la pregunta que flotaba en el ambiente era, *¿cuánto tiempo viviría en ese estado?* Don Rafael respondió de manera tajante: "Ella no va a morir"; y el director del centro espírita mencionó algo que recuerdo como: "En diecinueve". La escena en verdad era desgarradora, especialmente, viendo a mis hijos tan devastados. Se percibía en ellos el inmenso dolor que les producía verme allí y en esas condiciones. Al despertar, lo primero que hice fue llevarme las manos a las orejas y al sentirlas, constatar que había sido simplemente un sueño, dolorosísimo, pero eso, un sueño; me tranquilicé.

A lo largo de esos meses, fueron muchos los sueños. En uno de ellos, soñaba que me había escapado e iba a parar a diversos lugares. La persecución me llevaba a situaciones emocionalmente espantosas. Una vez, llegué a la zona norte de Maracaibo, específicamente a la urbanización Viento Norte, al edificio donde vive mi gran amiga doña Ana Bodden. Después de tanto correr y llegar allí, me dijeron que ella se había mudado hacía mucho tiempo. No tienen idea de cuanta impotencia sentí y, no me quedó más remedio que, continuar deambulando por los alrededores de la zona.

En otra oportunidad, cuando me amenazaron que me enviarían a la montaña a manos de la guerrilla, me manifestaron que "allí si me tratarían mal, enfatizando que en ese lugar mantenían a los secuestrados casi a la intemperie y semidesnudos; además, que no respetaban a las mujeres y no importaba la edad, igual, cometían barbaridades con ellas". En este sueño las actividades comenzaron llegando en helicóptero, según ellos, era una opción porque la otra era ir por "los caminos verdes". Lo cierto es que, llegamos y apenas descendiendo del helicóptero, fui recibida por una mujer de aspecto hombruno con pantalón verde oliva y una franela blanca y con cara de pocos amigos empujándome hacia una especie de baño, para que me cambiara de ropa. Me entregó unos casi harapos que, sin gesto alguno, simplemente acepté y me los coloqué. Salí del recinto y me senté en el piso al lado de los demás secuestrados. La mayoría lucían muy mayores bajo sus barbas, unas ralas, otras espesas. Algunos estaban semidesnudos. Las pocas mujeres que se encontraban en calidad de secuestradas estaban vestidas con ropas muy sencillas. Todas ellas mayores. A lo mejor, eran mucho menores que yo, pero el sufrimiento que produce esta situación, hace envejecer prematuramente a cualquiera.

Un día, también en sueños, descubrí que había un equipo de radio y que además estaba en buen estado. Con la ayuda de otros dos secuestrados, lo pusimos operativo y, de noche hacíamos transmisiones como *La voz de la selva* y llegamos a conectarnos con otros campamentos. En nuestro programa hacíamos oración, lecturas de la Biblia, no disponíamos de una, pero la memoria ayudaba. Días más tarde, sin dar explicación alguna, nos quitaron los aparatos y se acabaron nuestras hermosas transmisiones convertidas en deliciosas aventuras comunicándonos con las personas de otros campamentos. De allí logré salir después de haber sido canjeada por otra víctima y me dejaron en libertad. ¡Ah! Ironías de la vida, sin documentos, sin dinero, fue un largo recorrido hasta llegar finalmente a la calle 72, en Maracaibo, lugar donde se encontraba lo que había sido mi hogar por más de treinta y cinco años. Conocedora como lo era del territorio pues había vivido más de treinta y cinco años en la zona, llegué a preguntar por la señora Antonia de Lanza, alguien que ha sido como mi hermana mayor y me dijeron también que se había mudado hacía muchos años. Ninguno de los vecinos me reconocía, así que, como yo conocía todos los recovecos del edificio, allí me escondí y salía a pedir limosna en las esquinas, escena que había contemplado hacer tantas veces a otras personas. Así las cosas, poco a poco logré salir de la situación, trabajé desde doméstica hasta asistente de un abogado. Poco a poco iba recuperando lo que se suponía *yo había sido*.

En otra de las pesadillas me encontraba recorriendo todo el territorio de los Estados Unidos, entre ciudades montañosas, llanuras, nevadas, desérticas, etc., lucía un aspecto menesteroso pidiendo, con mi mano sucia y desaliñada extendida. Pensaba que de dólar en dólar podía recabar una buena suma y enviarlo a mi hijo y con lo que él pudiera reunir, algo tendríamos que ofrecer para poder negociar. Ojalá y nunca me toque una situación como esta, pero si me llegara a tocar, con fundamentos en estos sueños, tendré que poner en acción una mayor dosis de humildad y pensar que si esto es purgar nuestros errores, ya pasé por ahí.

# Pruebas de fuego

HOY HE IDO A ALMORZAR al mismo restaurante donde almorzara con mi hijo días antes del secuestro. Vienen a mi memoria las palabras del Cucho, "que ese día, lo iban a secuestrar a él pero que, como se les había perdido, no les había quedado más remedio que secuestrarme a mí". Estamos ya a treinta y uno de mayo de dos mil once. Finalmente me he decidido a ver los videos obtenidos por las cámaras de seguridad del canal donde trabajo. Siempre dije que, cuando llegué al lugar donde permanecí durante el período de mi secuestro, ya les había perdonado.

Mucha gente sostiene "perdono, pero no olvido". Esto es lo que algunos consideran un perdón chimbo. Otros dicen perdonar, pero pareciera que, en el fondo, no es así. Lo que implica el perdón quizás no es tan importante para mí como las consecuencias beneficiosas que este nos reporta. ¿Caridad con maña? Tal vez, pero me hace sentirme mucho mejor. Realmente esto constituye una prueba altamente difícil por cuanto fueron enviadas a mi hijo Rafael desde la cuenta pagapormi@hotmail.com, *password*: clarisa.

Cuando te encuentras con acciones de esta naturaleza te preguntas, ¿qué sería de personas dedicadas al secuestro, al crimen en general si pusieran toda esa inteligencia al servicio de la realización del bien?

A lo largo de mis viajes espirituales a través de la religión católica, asomarme a los estudios Rosacruces, de la antigua y mística Orden Rosacruz (AMORC), un curso de milagros, constelaciones familiares, espiritismo cristiano y todo lo que ha pasado ante mis ojos, fui aprendiendo desde muy niña, dejar a la orilla del camino todo aquello que me hacía daño, convencida, sin saber por qué, del daño que me causaría guardar resentimientos por quienes de una u otra forma me hubieran agredido. No me importaba cuan profunda fuese la herida. Creo que, en este sentido, el gran maestro fue mi papá Oscar Raúl, quien me marcó de manera indeleble en mis dos principios: "Has bien sin mirar a quién, muy probablemente, no será la persona beneficiada con tu bondad quién te corresponda de la misma manera, pero, Dios se encargará de la retribución". El otro fue, "No guardes rencor, eso te hace más daño a ti que al objeto de tu resentimiento". Parece un contrasentido, pero también recuerdo que, después de terminar el divorcio de mi primer esposo, me entregó la copia certificada de la sentencia de divorcio al tiempo que me decía: "Solo para que sepa quiénes la j...". Creo que aprobé la lección.

Ha sido muy duro el recordar y replicar a través de los videos, sentimientos y emociones cada uno más doloroso que otro. Sin embargo, hay que continuar y me he dedicado a revisar con mi familia lo que ellos vivieron, y como vivieron este lamentable acontecimiento. Debo confesar que en los últimos tiempos he acuñado esta expresión: "La peor saboteadora del perdón es la memoria y la memoria es la peor saboteadora del perdón". No la oí o leí antes de esta manera o, con otras palabras, pero un día basada en experiencias personales, la ordené y acuñé. Como siempre digo, el conocimiento es universal, y está allí para servir a todos.

No sería sino hasta el diecinueve de octubre, más o menos diecinueve días después de haberme secuestrado, cuando comienzan a establecer contacto con mi familia, representada con mucha dignidad por mi hijo Rafael Ángel. Gonzalo Alberto, mi hijo mayor, se encuentra en el exterior desde hace muchos años y, por su trabajo dentro del sistema laboral americano, no podría permanecer mucho tiempo sin ver afectado su trabajo y, en consecuencia, el mantenimiento de su familia. Por estas y otras razones, Rafael le pidió que no viniera, aduciendo que "esto no se sabe cuánto tiempo va a durar". Y cuánta razón tenía. Si tomamos en cuenta las aspiraciones del monto al cual aspiraban por mi liberación, una locura, siete millardos de bolívares, cifra que definitivamente, podía considerarse una locura. ¡Dios santísimo, qué locura!

En cuanto a mi hija Carolina, se le mantuvo lo más al margen posible de los entre telones de la situación, tomando en cuenta entre otras razones, sus limitaciones físicas. Bastante ha sufrido ya para agregarle esta gran cuota de mezquindades propias de la miseria humana. Por fortuna, existe la tecnología y Rafael Ángel y Gonzalo Alberto estuvieron en contacto permanente a través de videoconferencias, acompañados por mis hermanos Carlos y su esposa Ysbelia y mi hermana Tania Leonor; amén de ese grupo de amigas adquiridas antes de mi viudez y otras, a partir del año dos mil que, sumadas a las tantas que he sostenido a lo largo de mi vida, de cada etapa que he vivido. Amigas verdaderas, amigas que en conjunto, hicieron que la pena y la angustia de la familia fuese llevada con mucha fortaleza por mis hijos.

De manera que, hemos podido hilvanar de alguna manera las situaciones que se vivieron y las posibles motivaciones que lo originaron. Dinero, el bendito o maldito dinero, según se mire. Sin embargo, yo siempre sostengo que el problema no es el dinero, sino el uso que hagamos de él.

A partir de esa fecha, diecinueve de octubre, comenzará un torneo de llamadas que finalizará el veintitrés de diciembre del dos mil diez cuando casi al mediodía íbamos rumbo a la sede del Cuerpo de Investigaciones Científicas, Penales y Criminales (CICPC), se recibió una llamada de parte del personaje que se hacía llamar El Negro supuestamente desde Medellín, Colombia, para preguntarle a mi hijo si iba a dejar que le mataran a la madre. Es increíble, pero a casi seis horas de haberme rescatado las autoridades policiales en un operativo impecable con un grupo conformado por funcionarios del CICPC, Brigada Antisecuestro Elite (BAE), Policía de San Francisco, este caballero no se había enterado de mi rescate, de la muerte de mis dos guardianes y la detención de cinco miembros de la banda "Los Maracuchos", presuntos responsables de mi secuestro. Con mucha paciencia he transcripto las conversaciones telefónicas del negociador con mi hijo Rafael, para de alguna manera darles forma legible a los efectos de este libro.

# Interactuando con los negociadores

Cuando finalmente le entregan a Rafael Ángel un teléfono con la finalidad de poder comunicarse con mayor libertad que a través de los teléfonos regulares, inicia las comunicaciones un sujeto que se hace llamar Gasparín. Le preguntó si leyó la carta escrita por mi puño y letra. Mi hijo alega que no tiene fecha, a lo cual Gasparín respondió que "Es de estos días y que poco a poco le irán entregando las pruebas de vida, siempre y cuando se porte bien".

Gasparín no quiere, según él, amenazar, discutir. Sencillamente lo que él quiere es plata. "La Organización otorgó un precio a su mamá de siete millardos de bolívares; esto es, como si estuviéramos subastando a su mamá". En este punto, Gasparín se molestó dirigiéndose a mi hijo con una cantidad de improperios, amenazándole, además, de que la próxima vez, si no le tenía ya una suma de dinero, "allí sí vamos a estar mal compadre. Yo lo que quiero es plata".

Rafael fue muy claro al manifestarle que no teníamos esas cantidades, que la información de la cual se ufanaban tener no era fidedigna. Le explica que, de acuerdo a la Ley Antiextorsión, sus cuentas están congeladas. A estas alturas, Gasparín le increpa, "¿Usted no tiene bienes? ¡Pues, véndalos!". A esto, mi hijo le manifiesta que si quiere se los traspasa, será la única forma, pues para esa cantidad en bienes, "Ni tengo ni estoy en posibilidad de conseguir esa suma, no la tengo".

En otra oportunidad la comunicación se desarrolló en estos términos:

Ellos:

—Le estamos llamando de parte de su mamá, la señora Clarisa.

Rafael:

—¿Cómo sé yo que estoy hablando con los que tienen a mi mamá?

—Quédese tranquilo que su madrecita está bien. Yo le voy a estar llamando para que usted vaya a recoger un paquete. Consideramos que ese teléfono suyo está puyao. Esté pendiente.

—¿Qué me van a enviar?

Silencio por parte del sujeto que a los efectos se hace llamar Gasparín.

Conforme transcurre el tiempo, continúan las llamadas y en una de ellas, quién se identifica como Gasparín manifiesta que espera no estar hablando con uno de los sapos que le rodean. Ante la inquietud de mi hijo por saber de mí y de las pretensiones de estos señores, le respondió que "todo a su debido tiempo, que esté listo para cuando se le llame. Yo sé quiénes son ustedes". Rafael le respondió, que ni es del gobierno ni tiene lo que ellos creen que tiene.

—Sabemos lo que han hecho toda su vida. Su señora madre nos confirmó todo. Su señora madre nos confirmó todo y dijo "yo confío en Dios y en mi hijo". —Continuó—: Al principio estuvo complicada pero luego cooperó.

Rafael les dijo:

—Sean racionales.

Gasparín respondió:

—Le estaré enviando las cosas poco a poco.

Rafael Ángel le dijo:

—Una sola pregunta: ¿cómo te llamas?

A lo cual le respondió:

—En el momento en que yo lo llame, simplemente me identificaré. Yo lo voy a estar llamando para decirle que hacer. Yo le voy poniendo los tiempos.

Rafael, con la mayor humildad le respondió:

—Como ustedes digan. Ustedes son los que tienen a la señora.

Algunos días más tarde, Gasparín llama para indicarle cuál es su *modus operandi*:

—Nosotros no lo vamos a poner a hablar con ella ni mucho menos. Me imagino que quieres las preguntas ahora.

Rafael le dijo que yo soy una persona que escribe y que muchas cosas son públicas, sin embargo, él asume que uno tiene momentos íntimos. Presume que hemos recibido lo que despectivamente denomina "el cursito antisecuestro...".

—A nosotros no nos importa esa g... No estamos jugando. La persona que la está cuidando tiene una Beretta 9 mm con dos balitas. Al menor brinquito raro, una bala va para la cabecita de su señora madre.

A esto, mi hijo le respondió:

—Ah bueno, entonces no van a cobrar porque muerta ella, no van a poder cobrar.

—No se ponga payaso, nosotros sabemos que a usted lo está asesorando los sapos del gobierno. Usted sabe que en estos casos nosotros vamos es por plata. Me va buscando la platica. Mire que al que nos íbamos a llevar era a usted, pero se nos perdió. ¿Te acuerdas donde fuiste a almorzar con tu señora madre tres días antes del secuestro? Pero bueno, las cosas las hace Dios. ¿Quieres negociar?

—Claro que quiero negociar, pero usted me está amenazando con matar a mi mamá.

Llegados a este punto, Gasparín cambia de tónica y le dijo:

—OK, vamos a empezar de nuevo. Voy a darle un voto de confianza. Yo le estoy llamando por las tres preguntas. A usted no le interesa negociar. No le importa la vida de su madre. Busque a su hermano que está lejos, a la muchacha esa que parece que tiene un problema de retraso mental.

En este punto, Rafael le respondió:

—Usted está equivocado, yo sí valoro la vida. Por si no lo sabe, o no se lo han dicho, yo soy médico y doy un gran valor a la vida.

Posteriormente, Gasparín vendrá —vía telefónica por supuesto— con las respuestas. Le dijo que yo había manifestado lo siguiente: A la pregunta sobre mi primer perro, obviamente me fui a mi infancia y por ello la respuesta de mi parte fue lo que Gasparín leyó:

—Ella personalmente no tenía un perro propio. Si recuerda que en la casa donde se crio había unos siete perros criollos. El nombre de su primer esposo, de profesión comerciante en madera y alfarería y el lugar donde entierra los perros es, el jardín de los afectos.

Rafael le dijo que no se siente satisfecho al 100 por ciento.

—Las respuestas dos y tres están correctas, pero no la primera. Pudo haberlas escrito en uno de sus libros, lo cuales yo no he leído.

Gasparín se molesta y le dijo:

—Voy a tratar de preguntarle a su señora madre.

—Dijo Rafael, que a uno de ellos, ella le compuso una canción y el otro, fue el que mordió a su papá. —

La verdad es, por aquellos días me olvidé. No había tenido mi propio perro en la niñez sino hasta la adolescencia. Así, comentando ahora con mis hijos vino a mi memoria mi perro Tonky, un hermoso mucuchíes que me regaló un vecino y a quién efectivamente le compuse un vals venezolano y recordé a Lobo, el perro que una noche desconoció a papá y, hubo que sacrificarlo.

De nuevo Gasparín, antes de retirarse le preguntó:

—¿Ya está buscando la platica?

—Cómo voy a buscarla —le dijo Rafael—, si todavía no me han dicho cuánto es.

—Bueno, yo voy a buscarle la respuesta a estas preguntas y usted, me va buscando la platica.

Días más tarde, le llamaría para indicarle que se fuera alistando para que fuera a buscar un encargo, un paquete.

—A la bomba de gasolina que está después del hotel Aladdín, en la vía del Aeropuerto Internacional La Chinita, de la ciudad de Maracaibo, una bomba PDV que está a su derecha, como si fuera hacia el puente.

Gasparín preguntó:

—¿En qué carro vienes?

Rafael le respondió:

—En un Focus azul.

—¿Cuánto tiempo demoras? —preguntó Gasparín.

—A esta hora, el tráfico en la autopista número uno está muy complicado —respondió Rafael.

Gasparín le dijo:

—Bueno, se me parquea en la bomba. Yo lo voy a estar llamando.

Al rato Gasparín lo vuelve a llamar:

—¿Ya llegó?

—Hay una cola muy fuerte, al paso que está el tráfico, calculo siete o diez minutos. Voy con un compadre —respondió Rafael.

—Cuando llegue me enciende las luces direccionales y me baja los vidrios. ¿Con quién viene? —preguntó Gasparín.

Rafael le respondió:

—Voy con un compadre. El Focus estaba trancado, vengo en un Eco Sport Negro.

Posteriormente llamará para preguntarle a Rafael si "encontró la cajita".

—Sí, encontré la cajita contentiva de un teléfono.

Gasparín acotó:

—Allí le viene una cartica, fue escrita del puño y letra de su mamá.

Rafael le preguntó si enviaron una camioneta. Este no contesta. Simplemente continúa:

—La cartica guárdela y el encarguito que le envié me lo tiene siempre con usted, lo estaré llamando.

De nuevo lo llama para preguntarle si "ya leyó la cartica", Rafael le respondió:

—Sí, pero no tiene fecha.

—La organización otorgó un precio de siete mil millones de bolívares, ¿cuánto me consiguió hasta ahora?

—No he conseguido nada.

Aquí, Gasparín se exalta y le dijo:

—Mientras se esté portando bien.

Rafael le dijo:

—Dime, ¿a quién se los traspaso?

Se corta la comunicación y Gasparín vuelve a llamar:

—No me cuelgue. Usted tiene bienes, venda esa m..., empéñelas. Yo no compro problemas, yo lo que quiero son soluciones. Bueno hermano —le dijo Gasparín a Rafael—, dígame cuando lo llamo. A mí no me venga con que tengo, veinte, treinta, a mí me busca mí plata. No quiero problemas y si usted no tiene soluciones, yo busco la forma de que su mamá me pague esa vaina.

Cualquiera pensaría que efectivamente uno ha contraído de manera voluntaria, a través de un contrato civil o mercantil y encima documentado, una deuda, una obligación y no ser ellos que cometiendo un delito ponen en jaque a los familiares de la víctima.

Las llamadas continuarían día tras día algunas, otras con una cierta distancia.

Gasparín:

—¿Cómo va?

Rafael:

—Cansado de tantas vueltas que he dado. ¿Cómo está mi mamá?

Se corta la comunicación y Gasparín llama de nuevo para preguntarle si leyó la cartica.

—Aaah, si se dio cuenta de que sí la tenemos. Yo ya le voy a estar enviando noticias de su mamá. ¿Qué me consiguió entonces?

Rafael le dijo que ha hecho diligencias con los amigos, pero sin resultado. Él, Gasparín, no puede entender que no le haya conseguido nada y se desata en improperios. Rafael le increpa:

—¿Usted cómo que vive en un país diferente que no se ha dado cuenta de lo difícil que están las cosas?

Gasparín preguntó:

—¿Qué es lo que está pasando? Si usted me dice que el treinta de diciembre me tiene ese dinero, yo lo espero hasta ese día. A mí lo que me interesa, si usted tiene bienes, venda, revenda.

A esto, Rafael le respondió:

—Sí, tú lo dices como si fuera muy fácil. Así como tú te aprovechas, los demás también se aprovechan y no voy a poder reunir, ni por asomo lo que tú estás pidiendo. —Es la respuesta de Rafael.

Ya a este nivel, Gasparín se pone intenso insistiendo en que revenda. Que él quiere su plata. Que me están subastando. Se molestó y le dijo a Rafael que si es que su madre no valía nada para él. Mi hijo le respondió, que para él su madre vale eso y mil veces más, pero que no tiene las posibilidades de reunir ni siquiera la cuarta parte de lo que están pidiendo. Igualmente le recuerda que le debe la respuesta a las dos preguntas. Que le propone intercambio de las repuestas por una cifra. A esto, Gasparín le dijo que "primero le dé la cifra".

—Ajá hermano, ¿qué me consiguió?

Rafael le explica que ha estado haciendo diligencias, pero no es mucho lo que ha podido conseguir. Insiste Gasparín que no se explica que, teniendo tantos bienes, por qué no vende esa m...a.

Proseguirá largo rato con sus insolencias. No entra en razones. Manipula hasta más no poder y le manifiesta que puede sostenerme mientras yo, Clarisa, aguante, si Dios me lo permite.

Le preguntó a Rafael que "si sabemos lo que pasó en Caracas, en Cojedes". En Caracas, la familia fue a pagar el rescate y la policía lo paró porque supuestamente ya los tenía ubicados. La consecuencia fue, dos secuestrados muertos. De allí volvía a su guion, "¡Que esta era una herencia, que vendiera esa m...a!

—Para usted esa vieja no vale nada.

A esto Rafael le riposta que su mamá lo vale todo, pero que, sencillamente, lo que están pidiendo, él no lo tiene. Accede llamar en cinco días y se retira diciéndole:

—Usted consiga, usted consiga.

Rafael le recuerda la pregunta de los perros y Gasparín se enfurece y le respondió:

—¿Usted cree que yo estoy aquí para complacer? Si usted no consigue nada para mí es como si no hubiera hecho nada.

En otra llamada Gasparín reclamó:

—¿Por qué no contesta esa m...a?

Rafael, le respondió:

—Porque no la escuchaba.

—Estuve hablando con mis compañeros y hermano, como es lógico, yo también, estamos muy molestos con esta situación. No se justifica lo que pasa. ¿Usted cree que yo estoy aceptando? ¡No! Nosotros sabemos que usted tiene de dónde. Yo lo que estoy pensando, usted cree que esto es un juego. Lo estoy dejando que siga jugando para ver hasta donde aguanta...

Se cae la llamada.

—¿Por qué colgó?

—Yo no colgué —le contesta Rafael.

—No se justifica que después de casi un mes, usted no nos tiene nada. Estamos arrechos. Los demás lo que quieren es que se muera esa señora, salir de esa señora rápido. Quiero saber de sus proyectos para dentro de cinco días, ¿sabe? Me va diciendo cuales son y con cuanto puedo contar y qué proyectos tiene, usted nada más. Dentro de cinco días que yo lo llame, me va a tener un mil o mil quinientos millones, ¿cuánto me va a dar?

Rafael le manifiesta:

—Mi proyecto es mi proyecto: ustedes tienen lo que les interesa y yo, lo que me interesa. El más interesado en que esto se resuelva, soy yo, porque esa es mi madre, mi madre.

—Pues parece que no, parece que es el mismo g...n. Hábleme de números, de sumas, no de proyectos.

—¿Qué quieres que te diga? —le respondió Rafael—. Hasta ahorita no te tengo nada, te pedía cinco días, me moví con mis amigos que me prometieron que van a buscar. Si los cobres fueran míos te diría, pero son de los demás, tengo que esperar que me digan. Tienen que darme chance para buscar. Hablé contigo esta mañana y te dije que me dieran equis tiempo.

En la próxima conversación a Rafael le será cambiada la seña por Araña. Gasparín le dijo:

—No aguantamos más esta situación, esta mamasón de gallo.

Rafael le respondió:

—Mira Gasparín, yo a usted siempre lo he tratado con el mayor respeto. Yo creo que a ustedes le han informado mal. Yo no tengo la liquidez que ustedes creen. Tener un hijo en condiciones especiales ha implicado que me descapitalice.

—A mí no me importan sus problemas, yo lo que quiero es mi plata.

Rafael continúa diciéndoles:

—Tengo dos carros viejos, no sé si te lo informaron o no. Tengo dos carros viejos, uno de dos mil cuatro y el otro, el más nuevo es de dos mil seis. Ni siquiera casa propia tengo, vivo alquilado. Si no quieres entender, no entiendas pues. Lo único que puedo darte ahorita es, veinte millones, pero para ti, veinte millones es un insulto.

A esto, Gasparín le respondió:

—Si se van a aprovechar de su situación, ese es su problema, no mi problema.

Rafael le recuerda:

—Te pedí cinco días esta mañana y me estás llamando de nuevo.

Seguramente el emisario aduce que les están subestimando porque Rafael le respondió:

—No los subestimo para nada. Usted no quiere entender que necesito tiempo para moverme.

Aquí le interrumpe para decirle:

—Escuche que yo estoy hablando. Cada vez que yo le llame usted me responde que habla Araña. Aquí se habla lo que yo quiero y cuando yo quiera.

Rafael le dijo que si ellos consideran que él tiene todo lo que creen, él se los traspasa. Que se busque una persona y él le traspasa esa vaina y listo.

Gasparín insiste en que, según él, "Rafael tiene bienes, que los venda, que los revenda". Al final de este encendido pugilato verbal Gasparín le dijo a Rafael:

—Búsquese otra mamá...

A lo cual mi hijo le respondió:

—Entonces, búsquese los reales en otro lado.

Me imagino que fue en este momento que dieron la orden de que no me dieran más comida, que me dejaran morir de hambre.

Días más tarde, se reanudaría la comunicación.

—Ah Rafaelito...

—¿Quién habla ahí? —preguntó mi hijo.

—Aquí le habla el dueño de la organización.

Seguramente esperando la reacción de mi hijo, le preguntó:

—Estás oyendo, ¿no? Ve, mijo, ¿qué me tenéis por ahí?

Rafael le explica que estuvo en Caracas pero que aún no ha podido resolver nada.

—Ve, mijo, no juguéis conmigo. Vamos a hacer un canje. Ponéte vos en lugar de tu mamá.

A esto le respondió Rafael:

—¿Con quién vas a negociar?

—Yo no tengo madre, gracias a Dios que ya salí de ese problema.

Rafael le manifiesta:

—Lo lamento por vos.

—No, no lamentéis nada. Alistáteme a las tres. Si queréis, vais con los escoltas tuyos, los g... del CICPC. Necesito un vehículo con los vidrios claros.

—Yo no tengo —le respondió Rafael—, todos los vehículos de los cuales dispongo tienen los vidrios oscuros.

—Ese es tu problema, eso es rápido y con dinero, eso es más rápido. Ponete los patines.

Rafael le respondió que, dinero es lo que no tiene, lo cual molesta mucho al personaje que a estas alturas es Gasparín, "el papá de los helados, el jefe de la organización" quién no cree lo que Rafael le está diciendo.

—Si crees o no, ese es tu problema —le contesta mi hijo.

—No juguéis conmigo, yo no estoy jugando. Te doy tres horas.

Rafael le dijo:

—Usted no sabe en qué país estamos viviendo.

Gasparín le respondió:

—No, yo sí sé. ¿No ves que me están matando los muchachos de la organización?

—Ese tampoco es mi problema —le dijo Rafael.

—Págame mi platica y te entrego a tu mamá. Te voy a dar cinco días para que me deis la suma de mil millones de bolívares y, escúchame bien, atente a las consecuencias; no es una amenaza, es una pequeña advertencia. Tú matarás a tu señora madre lamentablemente. Déjame hablar, me están matando los muchachos.

Al ritmo y tónica que van tomando las conversaciones creo que coincide con el momento en que fueron a pedirme que firmara una carta donde los exoneraba de responsabilidad en caso de que yo muriera. Por supuesto, a ello me negué. Les dije que dejaba eso en manos de Dios. Mi hijo no tenía culpa alguna en esta sin razón.

—No sé qué le dijiste a Gasparín que lo envolviste. Ya lo eliminé. Aquí las cosas se hacen como yo lo digo. Si alguien... te voy a hablar claro, corto y preciso, que te quede bien claro: Ahora te tenéis que ver es conmigo, porque aquí el que manda soy yo. Ahora me vas a pagar completo g...n.

—De una vez te digo —le dijo Rafael—, que yo para esa cantidad no puedo, no la tengo y no creo que la tenga jamás.

—Bueno...

—Dame clave.

—Araña. ¿Quién me habla allí?

—El papá de los helados.

Como Rafael nota un cambio en la clave, el personaje se identifica como Gasparín. Le manifestó que se ha movido como un peso pluma y preguntó:

—¿Cómo está mi mamá?

—Dentro de lo que cabe, está bien.

—¿Cómo que dentro de lo que cabe? Ponete los patines que tu mamá no está muy bien. Te dije que, aquí estás hablando con el dueño de la organización. No sé qué le dijiste a Gasparín. ¡Llamá a tu hermano! ¿Por qué no llamás a tu hermanito?

Rafael le respondió:

—Esto lo voy a resolver yo solo con Dios y la Virgen.

—Tu mamá te escogió a ti. Háblame. Aquí las cosas se hacen como diga yo, como yo quiero. Yo hablo lo que a mí me da la gana, porque aquí el que manda soy yo. Si no quieres negociar conmigo, decímelo de una vez. Con una llamadita que tú hagáis...

—Lo que tengo ahorita son ciento veinte en efectivo y eso es ofensivo para ti.

—¿Quieres que te lea la cartilla? Todo lo que tienes tú, lo que tiene tu mamá, todo lo que tiene tu hermano. Si crees que estoy desesperado, estás equivocado. ¿Cuántos meses quiere que te dé? Y si te leo la cartilla te voy a llevar la suma a diez mil millardos.

Rafael le preguntó:

—¿De cuál oficina voy a salir?

—De esa que saliste cuando fuiste al restaurant, ese donde fuiste a almorzar, que te me salvaste. Dame tu clave. ¿Dónde estás?

—No me dijiste que desde aquí.

—¿Qué carro vas a llevar?

—Un Yari gris, cuatro puertas, placas AA243FV.

—Aquí el que manda soy yo. Como no conseguiste los vidrios blancos, entonces tendrás que venir con los vidrios abajo, todos los vidrios abajo y las luces, intermitentes, no se te olvide. Ajá, Rafaelito, no te me hagáis el g...n. Te parqueáis frente al edificio Montecarlo, con los vidrios abajo, en frente del letrero. ¿Quién va contigo?

—Un primo. ¿Cómo vienes vestido?

—Yo, con camisa roja y blue jean.

—¿Y tu primo?

—Con una chemise marrón y blue jean.

—¿Dónde estás?

—Estoy pasando justo frente al tranvía.

—En lo que salgas de Polimaracaibo, en la segunda vuelta, te parqueas lo más cerca que tú puedas del restaurant. Tranquilito, yo no te voy a hacer nada, con los vidrios abajo, las intermitentes. Quiero solamente verte y que recojas una encomienda que quiero que tú veas.

Al rato vuelve a llamar:

—¿Ya te acomodaste como te dije?

—Claro, obedeciendo a lo que me estás diciendo, compadre.

—Ok, así es como se debe decir hermano, así es la manera. Vas a caminar tú solito, de frente en dirección a la calle. Vas a conseguir un kiosko, con la forma de un coco. Allí te pones a ver televisión. Con vista hacia la calle, vas a conseguir como un pote de basura, en diagonal, un pote verde. ¿Ya lo viste?

—No, estoy esperando que termines de darme las instrucciones para bajarme.

—Nooo, pero, ¿qué hacéis en el carro?

—Ya me voy a bajar —le respondió Rafael.

Minutos más tarde le llama de nuevo...

—¿Ya recogiste? Es una tarjeta, una memoria. Mañana te llamo.

Rafael le preguntó:

—¿Cómo a qué hora para estar pendiente?

Quién ahora se identifica como el Negro (papá de los helados) dijo:

—Yo soy una persona muy ocupada. Este es mi trabajo aquí, en otros países, etc., para que sepas, conmigo trabaja... Para colocar a tu mamá dónde la colocamos, gastamos ciento veinte millones de bolívares.

Rafael le explica que la situación está difícil. Los carros según el seguro, valen ciento cincuenta cada uno, entonces, lo único que podría agregarte serían trescientos mil.

—Tú molestas a tus amistades y ellos seguro te prestan. Si yo mañana te llamo y no me dices que me tienes mil millones, botá ese teléfono porque no te llamo más. ¿Viste la cuestión?

—Sí lo vi, pero no pude escuchar.

—Está delicada tu mamá, bastante. Como yo veo que no quieres.

—No es que no quiera, hablé con mis tíos.

—No ves qué sí podéis. Decime.

—Negro, te voy a reunir mil a mil cien, para que sigamos conversando.

—Tu mamá no tiene "puntería". No me vas a decir que te llame en dos semanas y luego no me vas a salir con que solo me vas a dar cien más. Tengo a personas que te siguen las veinticuatro horas del día. Ella te escogió a ti. Que hagas lo que tengas que hacer, que cuando ella salga, ella resuelve.

—Ella te puede decir eso porque no sabe cómo están las cosas. Quien te informó, no te lo dijo todo. No te dijo que un socio me dejó en la calle con una nómina de cincuenta personas, y he tenido que hacer convenios de pago.

—No quiero hacerle daño, que la vayan a violar. Te voy a dar diez días para que me superes la cifra de mil millones para que sigamos hablando.

—Para que cerremos —le dice Rafael— yo no puedo seguir en este desangre emocional.

Más adelante volvería a llamar el Negro, el papá de los helados o Gasparín:

—Hábleme de dinero.

—Me estoy moviendo, pero la cosa no es tan fácil.

—Cualquiera de esos amiguitos tuyos políticos te puede ayudar.

—Eso no es así. Ya vendí el Focus —le informa Rafael—, me lo pagan entre martes y miércoles. El martes me dan respuesta de un dinero. ¿Cómo está mi mamá? Ese video no tiene fecha.

—Vuelvo y repito, está enferma, está delicada. Ya no tiene veinticinco ni treinta, son sesenta y pico de años. Hazle caso al gobierno, a los sapos esos que están contigo.

—El Focus apenas lo entregué ayer. Me lo pagan el miércoles.

—Hipoteca, vende, vuelvo y te repito, en tu conciencia quedará la muerte de tu madre.

—A mí me interesa mi madre viva.

—Mientras más tardéis, más te sube la tarifa.

—El que está desesperado aquí soy yo. Apenas podré llegar a ochocientos o novecientos y eso con apuro, imposible llegar a siete mil millones de bolívares.

—¿Tú tienes propiedades?

—Yo estoy solo en esto, v...a. Mi hermano está en el exterior y mi hermana está discapacitada. No puedo llegarte a esa cifra, jamás.

En este punto, el Negro ofende a mi hijo hasta adonde le da la gana, con descalificaciones (pecueca, gonorrea, etc.). Seguidamente le ofrece que:

—Voy a poner un abogado a tu disposición para que te elabore un documento, te envío el borrador.

—¿Para qué?, ¿para que te traspase los bienes? Te los traspaso, a mí lo que me interesa es mi mamá.

—Te voy a regalar algo y te vas a recordar de mí el resto de tu vida.

Yo supongo que fue aquí cuando tomaron la decisión de marcarme las orejas para señalarle cuál sería el regalo que le iban a enviar, los lóbulos de mis orejas.

—Háblame claro, tú me dices, yo me quiero quedar con las cosas de mi mamá, mátala y yo veré qué hago.

A partir de este momento, me estuvieron presionando para que escribiera una nota responsabilizando a mi hijo de lo que me pudiera acontecer. A ello me negué y le dije al Guardián, que todo estaba en manos de Dios.

—Hablamos mañana o pasado para enviarte la encomienda.

—El Focus apenas lo entregué ayer, me lo pagan el miércoles.

El secuestrador le dijo:

—¿Por qué no te pones los patines? Mové ese c... ¿Tú crees que estás jugando conmigo?

Rafael le dijo:

—Yo estoy moviéndome con los familiares, con los amigos, humillándome. Aquí nuevamente el Negro, Gasparín o el papá de los helados le dijo:

—Es que a ti, tu madre no te importa.

—A mí sí me importa, esa es la mujer que me dio la vida.

—Si así fuera yo ya hubiera vendido, revendido.

Rafael le dijo:

—¿Tú crees que la gente es cogida a lazo, que me van a dar cobres a cuenta de bienes que son de ella?

—Si quieres no te llamo más.

Rafael le dijo:

—No, si quieres me puedes llamar todos los días, lo que no puedo decirte en qué momento tengo todo el dinero.

Gasparín le dijo:

—Rafaelito, ¿dónde te conseguís ahorita?

—En Maracaibo.

—Yo sé que en Maracaibo, pero, ¿dónde?

Rafael le dijo:

—Decíme, ¿a dónde queréis que vaya?

—A URBE (Universidad Rafael Belloso Chacín). Te colocas frente a frente con la Plaza de Toros. Te parqueas ahí que tengo que decirte algo.

Luego de un rato Gasparín vuelve a llamar:

—¿Ya estás en el lugar que te dije?

—Voy en camino.

—¿En qué vas?

—En una camioneta azul.

—Te vas a parar medio a medio.

Considero que a medida que transcurre el tiempo, ya Rafael también va perdiendo la paciencia.

Gasparín le dijo:

—Tu mamá está bastante delicada, yo creo que no aguanta, ¿cuánto tenéis disponible?

Rafael le respondió:

—En este momento tengo cuatrocientos palos, cuatrocientos millones de bolívares.

Eso para el Negro es una ofensa. Continúa Rafael:

—El martes me conseguirán doscientos con lo que llegaré a seiscientos.

A partir de aquí, el Negro manipula duro y sabroso. Cree que Rafael se está burlando de él, que lo está subestimando. Le dijo que él no podía esperar más.

—¿Una ambulancia? La idea es que te la entregaran viva.

Rafael le dijo:

—Si la estuvieran viendo buenos médicos no se estaría empeorando, o le están haciendo cosas malas. Yo lo que quiero es que me devuelvan a mi madre.

—No es cuestión de matar, sino de negociar. ¿Qué es lo que quieres tú?

—Qué más daño, si me estás matando. No es que no quiero, es que no tengo.

Gasparín le dijo:

—Si mañana yo te llamo y no me tenéis mil millones pa que sigamos conversando, cierro los ojos y...

Rafael le dijo:

—Tú y yo acordamos que me ibas a llamar el lunes.

—Con esos amiguitos que vos tenéis, ya te hubieran ayudado, el gobernador, ¿no es amigo tuyo?

Rafael le dijo:

—Pablo no le da cobres a nadie, Negro, y menos a mí.

Para Gasparín es muy fácil creer que somos culpables de que les hayan eliminado a algunos de su banda. Como que cree que somos unos mafiosos. Gasparín continúa:

—Colabora. Si yo fuera tú, ya hubiera pagado. Yo soy muy creativo.

Rafael le dijo:

—Yo te entiendo, no lo pongo en duda. He ido consiguiendo. Se trata de mi vieja que no tiene la culpa de nada. He conseguido en este tiempo más de lo que esperaba. Hemos avanzado.

Gasparín le dijo:

—Me interesa que finiquitemos...

Se corta la comunicación y llama de nuevo, reclamando que por qué le colgaba.

Rafael le dijo:

—No te estoy colgando.

Gasparín le respondió:

—En la conciencia tuya quedará.

Rafael le dijo:

—No, en la tuya, si tú haces eso.

—Yo no tengo conciencia.

—Eso lo estás diciendo tú.

Ya por estos días mi Guardián me había avisado que de un momento a otro podrían venir y matarme.

Conforme transcurren los días, las llamadas continúan y por supuesto, Gasparín:

—Si mañana se me muere tu mamá, te la... y te la quemo y te la mando.

Rafael le dijo:

—Yo tengo mi conciencia tranquila y Dios está claro conmigo como son las cosas.

Gasparín le dijo:

—Yo sí tengo liquidez y estoy sólido. Yo no estoy en esto por necesidad. Puedo aguantarme un año, dos años...

Por supuesto, también Rafael eventualmente tuvo que llamar:

—Negro, ¿cómo estás?

—Bien, gracias a mi Señor.

Rafael continúa:

—Me estoy moviendo. Mañana me dan doscientos y pasado mañana cien más. Dame la fe de vida.

—Cuando me digas, tengo mil, mil doscientos o mil trescientos millones, ahí te doy la fe de vida. Todo está sobre ti. ¿Ella? Yo no te puedo decir, conseguime mil y te doy a tu mamá. Yo quiero cuatro, cinco mil... (cuarenta y pico de días que tiene tu mamá). Te llamo el martes, pero cumplime para yo cumplirte y yo te voy a dar las coordenadas para que la vayas a buscar.

Continuaron las conversaciones con los secuestradores. En otra ocasión Rafael le dijo:

—¿Cómo te va en tus viajes de negocios? ¿Cuándo me das las pruebas de vida?

Gasparín le respondió:

—¿Cuánto tenéis? ¿Dónde estás?

—Quinientos. Me quedaron mal unas personas. Estoy en la Costa Oriental. ¿Qué pasó?

—Ya estoy aquí, junto al Subway que está en La Paraíso.

—Ese negocio no es mío.

Él insiste en que sí y Rafael le dijo:

—OK, sí, porque vos sois el más arrecho.

Gasparín le respondió:

—Sí, porque yo soy el más arrecho. Para que te lo fuméis.

—Yo no fumo —le respondió Rafael.

—¿Recogiste la cuestión? Obsérvala.

Rafael le respondió:

—¿Qué quieres que te diga? Apenas voy en camino y te dije que llego como en quince minutos.

Gasparín le dijo:

—¿Me escuchas? Te hago esta oferta hasta el domingo. Si yo el domingo de la próxima semana, el cinco de diciembre entiendo que es una fecha importante para la familia.

—Esa no es una fecha importante... —le respondió Rafael.

Continúa el Negro:

—Si para el siete no me tenéis nada, entonces serán diez mil.

Rafael le respondió:

—Negro, si no te he podido conseguir mil, mucho menos diez mil.

El Negro le dijo:

—Maldito, yo no estoy jugando contigo.

—Me dijeron que me iban a dar los cobres y me quedaron mal. No entiendo que personas de negocios como ustedes puedan hacer eso. Mi familia y yo no entendemos qué hizo mi mamá o qué hice yo para que nos hagan eso.

A sus exigencias de dinero le dijo Rafael:

—Tengo la misma suma de la semana pasada. Me he movido, pero no he encontrado más dinero. Yo no me he portado mal con ustedes para que le hagan eso a una señora de casi setenta años.

Amenazas van, una tras otras.

Rafael continúa:

—¿Vos creéis que eso va a hacer que consiga el dinero?

Gasparín le respondió:

—Ese es tu problema, a ver si te mueves. Tú crees que te voy a entregar a tu madre por quinientos mil.

Rafael le dijo:

—No te estoy diciendo que no lo voy a buscar, sencillamente que no los tengo.


Gasparín le dijo:

—Atendé ese, comenzando la Navidad, Feliz Navidad.

Rafael le respondió:

—Qué feliz Navidad si no está la mujer más importante en mi vida.

Gasparín le dijo:

—¿Dónde estás?

—Pero si tú sabes dónde está mi oficina —respondió Rafael.

Gasparín le dijo:

—Te la voy a enviar parte por parte hasta que me paguéis. ¿Cómo crees tú que yo te voy a aceptar por quinientos mil, tú estás loco?

Rafael le dijo:

—Yo no estoy jugando tampoco.

—Ahora me voy a comportar de otra manera —le dijo Gasparín.

Rafael le preguntó:

—Dime ¿hasta dónde puedes tú bajar?

Gasparín le respondió:

—Rafael, ¿dónde estás?

—Frente al Canal.

—¿Cómo estás vestido?

—Chemise.

—¿En qué carro?

—Optra plateado.

Gasparín le dijo:

—Todos los vidrios abajo.

Rafael le respondió:

—Tú eres el que manda.

Gasparín continuó:

—Te vas al aeropuerto.

—¿Terminal nacional o internacional?

Luego Gasparín volvió a llamar:

—Escucháis, ¿dónde estáis?

—En el aeropuerto, dando vueltas —respondió Rafael.

Gasparín le dijo:

—Salite. ¿Ya te bajaste en el aeropuerto?

—Ya estoy caminando hacia el carro. ¿Qué hago?

—Salite del aeropuerto, como si vinieras de regreso para tu casa.

Rafael le dijo:

—Voy saliendo apenas.

Gasparín le increpó:

—¿Te acordáis la primera vez cuando recogiste un paquete? En las cestas verdes vas a encontrar una cajita con unos papelitos. Adentro hay un papelito, ese es un correo. Está abierto las veinticuatro horas. De ahora en adelante nos vamos a comunicar por correo. Nos vamos a comunicar semanalmente.

Rafael le respondió:

—Ajá, y si yo encuentro el dinero antes, ¿cómo te vas a enterar?

Gasparín le dijo:

—Yo entro y lo veo. Ponete los patines... ¿Los trabajadores? Conseguí la suma para que podamos seguir conversando.

Rafael le dijo:

—¿Qué llamas tu suma atractiva, considerable?

Gasparín le respondió:

—La suficiente para que sigamos conversando. Tu mamá tiene un pie aquí y otro en Colombia.

—Entiendo que por menos de dos mil no me la vas a entregar a mí y si, se la vendes a la guerrilla. ¿Cuál es el riesgo que estás corriendo tú? —preguntó Rafael.

Rafael continuó:

—No encuentro esa v... ¿Es una valla o qué? ¿Es una valla verde o es el letrero?

Gasparín apremia y Rafael le dijo que ya se pasó y tiene que echar para atrás y el tráfico está muy congestionado. Gasparín le dijo:

—¿Ya lo recogiste?

—Sí, ya lo recogí. Bueno... ¿estamos de acuerdo? ¿El teléfono? —preguntó Rafael.

—¿Cómo está hermano? Deme buenas noticias para que finiquitemos —le dijo Gasparín.

Rafael le respondió:

—La cosa no es fácil. Fui donde un prestamista y me prestó solo trescientos. Así que apenas llego a novecientos. Usted me... Estamos arruinados, con hacienda inundada. Tengo que ver cómo, cuidado si no tengo que liquidar a los trabajadores. No tengo para pagarte eso. Estoy haciendo todo lo posible porque ustedes me devuelvan a mi madre.

Gasparín le dijo:

—¿Por qué no vendes el maldito ganado?

Rafael le respondió:

—Porque la hacienda está inundada. Si tú no me demuestras que mi madre está sana. No tengo los dos mil, tengo novecientos, si me das una semana más puedo conseguir unos trescientos más.

Gasparín le dijo:

—Tú no has querido negociar. Vende, hipoteca.

Rafael le respondió:

—Tú no sabes nada de ese negocio, es que no sabes que este gobierno ha acabado con todo. Yo he hecho todo lo posible.

Poco después otra llamada de Gasparín:

—Ajá Rafaelito.

—¿Qué pasó Negro?

—¿Qué tenéis por ahí?

—Los mismos novecientos. Te dije que no tenía más. Revisé los correos. Las tres preguntitas.

Gasparín le dijo:

—Te voy a hacer un regalito de tu mamá. Te voy a enviar un video.

—Negro, pensá muy bien lo que haces. Si le haces algo a mi mamá, entonces no vas a cobrar —le dijo Rafael.

Gasparín le dijo:

—Te vas a conectar y en media hora vas a ver cómo le vamos a cortar las orejas a tu mamá.

Rafael le dijo:

—Allí te tengo el anillo para que lo luzca tu mamá. La gargantilla no aparece, lo buscamos mi hermana y yo y no aparece.

Gasparín volvió a llamar:

—¿Por qué me cortas? Conéctate en una hora.

Rafael le respondió:

—Yo no te corté, lo que me interesa es resolver.

Gasparín llama de nuevo:

—¿Quién habla allí?

—Araña —le dijo Rafael—. Tenemos dos meses y medio y vas a pedir clave. No tengo más plata, no tengo más de dónde sacar. Estaba conectado hasta hace cinco minutos que me desconecté.

Este es un resumen de las llamadas cruzadas entre Gasparín, el papá de los helados, el Negro y mi hijo Rafael, hasta aproximadamente el dieciocho de diciembre de dos mil diez. Quedarán algunas lagunas porque no quise hurgar en las memorias de mi hijo, quien, por el tenor de las preguntas, podrán ustedes lectores, familiares y amigos, sopesar cuan doloroso pudo ser.

No puedo dejar en el ambiente inquietudes tales como si omití signos ortográficos en algunas y de esta manera aprovecho para decirles que en mi querido estado Zulia, la gente habla de manera diferente al resto del país y es lo que se llama "el voceo" y que no es otra cosa que tratar a la gente de, "vos": vos veis, vos sabéis. Además, muchas palabras son utilizadas de manera diferente. A manera de ejemplo, déjame, dejame, mirá por mira, decime por dime. ¡Decime vos!

# De frente con los videos

AL REVISAR LOS VIDEOS, LLAMA la atención que la persona encargada de capturarme y arrastrarme desde donde me desarraigó hasta tirarme dentro de la camioneta, no llevaba pasa montañas, sino una máscara con la imagen del presidente Chávez. Con ello no quiero decir que las altas esferas políticas estuvieran involucradas, y muchísimo menos, el presidente del país. Pero sí, paso a pensar que alguien se interesó en hacer algo de ruido en este sentido. Por cierto, este detalle, la cara del difunto Hugo Chávez en la máscara del secuestrador, me costó la relación con familiares consanguíneos pero afines al régimen que, habiendo pasado tanto tiempo, aún perdura la separación.

Se dicen y se oyen tantas cosas que uno tiene que ser muy selectivo y cuidadoso, y quedarse con lo que le produzca menos daño como ser humano. Entre las tantas hipótesis que me han sido presentadas, no puedo dejar de oír y tomar en cuenta la que sostiene que se trata de la persona interpuesta o testaferro de un alto dirigente nacional del régimen imperante en el país y que de la mano de alguien muy vinculado a la empresa ZuvisiónTv, estarían en complicidad a los efectos de alcanzar sus fines de apropiarse del canal. Sabido es que actualmente en el país, la mejor forma de apropiarse de lo que a otros les ha costado tanto esfuerzo es, expropiando, confiscando, amparados en la impunidad, a la falta de un estado de derecho que garantice, al menos en gran medida, la tenencia de tus bienes, el derecho de poseer todo aquello para y por lo cual te mataste años estudiando, trabajando, porque del fruto y con el fruto de tu trabajo te garantizabas el ascenso social. Desde tiempos inmemoriales, quienes han trabajado y llevado una vida sobria, recta y apoyada en valores, lograron dejarle a sus hijos la base económica para continuar avanzando en la vida y honrando la memoria de sus antecesores, heredando a sus hijos y nietos, la base económica y financiera para continuar incrementando con el mejor uso de los talentos otorgados, la profesión familiar en el tiempo. Bíblicamente sabemos que es así. Recordemos la parábola de los talentos y si bien es cierto que "A quien más se le dio, más se le exigió", no es menos cierto que se nos concedió, para mitigar la dureza de lo que esto pudiera significar, aplicar la caridad.

# ¿Motivaciones?

LAS MOTIVACIONES DE ESTE SECUESTRO quedarán en el misterio. Mis secuestradores insistieron siempre en que no estaban solos. Que con ellos había gente del alto gobierno tanto nacional como regional. Que a ellos les colaboraban policías, guardias nacionales, funcionarios de tránsito. "¿Cómo cree usted que podemos desplazarnos tan fácilmente si no es con ayuda de las autoridades? En ocasiones, patrullas y motorizados van delante de nosotros y en las alcabalas móviles basta mostrar una placa y ya, nos dejan pasar sin mirar qué llevamos en el cojín de atrás o en la maletera. Saque las cuentas, pueden estar involucrados hasta personas que se sientan con ustedes a la mesa. Esos mismos los venden porque tienen la información, producto de sus conversaciones, de lo que tienen en Venezuela y en el exterior. Nosotros no actuamos a lo ciego. Sabemos lo que ustedes están haciendo, lo que tienen".

Personalmente, tengo la tranquilidad de jamás haberles mentido y que lo que obtuvieron en información de mi hijo, coincidente totalmente con lo que yo les dije y creo que, por eso, a pesar de todo, me gané su respeto y a lo mejor, hasta alguna consideración. La gente piensa que, porque uno está en los medios de comunicación, especialmente en la televisión, es multimillonario. Desgraciadamente, algunos dueños de medios, gracias a su pantallería, ostentosos, dan pie a esta percepción. Particularmente, mi familia y yo somos gente sencilla que creyó en el sueño de algunos jóvenes y, lamentablemente, como se suele decir, gracias a la traición y deslealtad de algunas amistades, salimos con las tablas en la cabeza. Lo bueno es que cuando uno procede de buena fe y hace lo que tiene que hacer, sale adelante.

Tanto desde la hacienda ubicada en el sur del Lago de Maracaibo como desde Subway, trabajamos de sol a sol como quien dice, para poder dar la cara con la nómina y los compromisos con las operadoras, con el satélite y todos los proveedores de servicios inherentes o no a la naturaleza de este negocio, pero lo logramos y pudimos acallar inclusive las voces de empleados que no supieron entender la verdadera situación por la que pasamos.

Todo el que está involucrado con los medios de comunicación social, especialmente con los regionales, sabe que los potenciales patrocinadores son los organismos gubernamentales de la región, esto es, gobernación, alcaldías e institutos autónomos y, esto es tan válido, que si el medio está vinculado al gobierno de turno, hecho cuya notoriedad es mayor en los últimos tiempos, tiene mayores posibilidades de que le den más publicidad, pero también susceptibles de que te acumulen grandes deudas y luego no te paguen lo adeudado como nos ocurrió a nosotros.

En el caso de ZuvisiónTv, ha sido muy duro los últimos años. Se nos ha vinculado con el exgobernador Manuel Rosales, más aún, inicialmente se llegó a asegurar que el canal era de esta persona, cosa totalmente incierta, de una falsedad absoluta. Este canal siempre perteneció a un grupo de soñadores como les he denominado, que un día, al verse estafados por un socio que les arrebató la concesión para operar tanto en radio como en televisión, asignada a uno de los socios en particular, quién lo convirtió en su aporte accionario, burlándose de los otros socios, se marchó y montó tienda aparte. Una vez que hicieron el balance de lo que aún tenían y sumado a la experiencia, que si a ver vamos, era su mayor capital, se levantaron y cual ave fénix, dieron nacimiento a ese hermoso sueño que ha tropezado con tantos enemigos dentro y fuera de la organización y más en estos momentos que políticamente vive el Zulia que al no haberse doblegado y convertido en territorio chavista, ha despertado serias apetencias en el ánimo de representantes de esta tolda. Quieren el canal y cualquier acto serían capaces de realizar, lícito o no, para quedarse con él.

Hipótesis sobre mi secuestro pueden haber surgido muchas y entre ellas, una que no se puede obviar, es que este obedecería a un plan para "ablandar" a mi hijo Rafael, para que prácticamente lo rematara. Nunca, desde que salí de la situación de secuestro y de lo cual, sibilinamente me dejaron caer esta inquietud, no puedo desestimarla. Pienso, eso sí, que quien lo quiera, debe ponerse en propiedad de él en buena lid, pagando lo que vale. Mi sentido de pertenencia con el canal es innegable y he sido incondicional con sus accionistas. Particularmente, no soy accionista del canal y no he necesitado serlo, pero, es una organización que vi nacer, he visto el esfuerzo de los muchachos, sus luchas, su rascarse los bolsillos quince y último de cada mes, para honrar sus compromisos.

Una cosa que abrió las apetencias de mis secuestradores fue lo que constituyó un gran error de los medios impresos, como fue, presentarme como presidenta o vicepresidenta del canal, sin serlo. Por supuesto, no creo que el serlo hubiera cambiado las circunstancias porque, al final, igual se hubiera llegado a la conclusión de que no teníamos los medios económicos esperados por ellos. Pero es obvio que esto causó mucho ruido a los efectos de las apetencias de los extorsionadores del caso.

Muchas veces he apartado de mí las voces de personas que me han sugerido que mi secuestro fue con la finalidad de ablandar a mi hijo para que vendiera el canal a precio de gallina flaca.

Próxima a dar por culminado el recuento de estas memorias, puedo decir que ZuvisiónTv cesó en sus operaciones. Hasta hoy, año 2019, fecha en que estoy entregando en la imprenta para que llegue en su momento a ustedes, mis lectores, debo ratificarles que el canal no fue vendido ni expropiado; no nos vendimos, como me espetó una persona bastante conocida. Si todo fue consecuencia de un plan orquestado para llevar a mi hijo Rafael al borde de la ruina, incluyendo mi secuestro, solo el tiempo lo dejará al descubierto y particularmente, pido a Dios que perdone a esos seres ambiciosos que con tanto dinero atesorado a expensas de las arcas de la República no sean capaces con sus propios recursos crear una organización empresarial original y tengan que apropiarse de lo que ha sido fruto del esfuerzo de un grupo de gente joven y menores de 50 años que, sin proporcionarle zancadillas a nadie, lograron levantar un canal de televisión regional de altísima calidad que lo hizo por demás, exitoso.

En esto ocurre como en el resto de los sectores de mi país, Venezuela; nadie se enamora de un terreno enmontado, de un revolcadero de burros o de chivos. El ojo como suele decirse, lo ponen en las mejores haciendas, en las empresas más productivas y exitosas hechas con esfuerzo y por eso son lo que son hoy en día, producen, crean fuentes de trabajo y sirven al país y que estén muy cerca de las vías de comunicación. Así son las cosas en este país, tu país, mi país, y solo Dios sabe, qué vendrá después para ZuvisiónTv.

En cuanto a mi posición, sobre si estuvieron involucrados personajes del gobierno, sea del oficialismo o de la llamada oposición, ¿qué sentido tiene ya pensar en eso? No me vanaglorio de haber sobrevivido a esta circunstancia, simplemente, le agradezco a Dios por haberle dado fortaleza a mis hijos, por los familiares, amigos y amigas solidarios en su apoyo económico y moral, a las autoridades policiales integradas por el CICPC, Brigada Antisecuestro y Extorsión y Secuestro (BAES) y Policía de San Francisco que permitieron mi salida del barrio La Lechuga ese veintitrés de diciembre de dos mil diez, deseando que continúen luchando por mantener la moral en alto y con ello, elevar aún más la moral de los diversos cuerpos policiales.

Como persona privada de su libertad, en las circunstancias ampliamente conocidas, duele oir decir a esas personas, que a su manera tienen "su propia moral y sus propios códigos", referirse a alcaldes, gobernadores, diputados, dirigentes políticos y además afirmar que lo dicen con propiedad, porque muchos de los integrantes de estas organizaciones delictivas dicen ser o son guardaespaldas, choferes de estos altos personeros. ¿Verdad? ¿Mentira? Solo Dios y estos funcionarios saben cuánta verdad o no, hay en estas afirmaciones.

Uno se pregunta: ¿Por qué en la mayoría de los casos de secuestro los guardianes son los muertos, más allá de que se enfrenten —en sus casos— a las unidades de rescate? ¿Será porque sabían demasiado?

# Un toque de frivolidad (I)

¡QUÉ BARBARIDAD! HAN TRANSCURRIDO YA cuatro meses y seis días de mi rescate. El tiempo se ha ido en un santiamén. Pareciera que apenas ayer ocurrió mi rescate; mi arribo a Nueva York y otras tantas cosas y actividades realizadas en este lapso, me han llevado a darme el lujo de esta digresión.

Hoy he entretenido mi ocio viendo la boda del príncipe Williams y Kate. El sueño propio de cualquier muchacha, el anhelado príncipe azul. Realmente, algo diferente en estos días en que todo son guerras, lluvias, vendavales, terremotos, sunamis y, paremos de contar. Estamos claros en que no todo puede ser color de rosa, pero hay momentos en el transcurrir de nuestras vidas en que se conjugan un conjunto de acontecimientos que nos colocan en situaciones de miedos, angustias, y depresiones.

La cobertura de la boda ha sido espectacular tanto en inglés como en español, y me lo imagino en los demás países como Italia, Francia, Alemania, Japón, por mencionar algunos otros. Según reportan los enviados a cubrir la boda, son ocho mil representantes de medios de comunicación cubriendo el evento y donde cada medio, ha erogado la cantidad de cien mil dólares por estar allí, lo cual no es poca cosa. Habla de la importancia de este acontecimiento especialmente para Inglaterra, por cuanto ello representa la continuidad en la línea de sucesión al trono británico.

# El secuestro en Venezuela.

COMO QUIERA QUE ESTE NO es ni pretende ser un trabajo de investigación, es confiando en mi memoria, porque lo viví, el origen o los orígenes del secuestro en Venezuela y vienen a mi memoria el del famoso futbolista español Alfredo Di Estéfano allá por el año 1963, veintitrés de agosto. Aunque de nacionalidad argentina, fue jugador de futbol profesional, del equipo Real Madrid de España. Al igual que Nihous, fue secuestrado por una organización guerrillera por un periodo muy breve y sin sufrir daño alguno. Después, vendría el doloroso caso del niño Carlos Vicente Vegas Pérez en marzo de 1973 y muerto en cautiverio. En el caso del ya mencionado empresario norteamericano William Frank Nihous, presidente de la Owens Illinois en Venezuela, fue secuestrado en su propia residencia ubicada en la urbanización Prados del Este de la capital, Caracas, después de haber sometido a su esposa e hijos. Fue mantenido en cautiverio durante tres largos años en un paraje selvático del estado Bolívar, al sur de Venezuela. Hecho adjudicado a la guerrilla según se ha dicho, señalándose, sin embargo, como a uno de los principales presuntos responsables a Jorge Rodríguez, de quien no mencionaré los vínculos con personeros del régimen actual, por cuanto estoy segura, no amerita mención alguna. Dejo los muertos en paz para que los muertos entierren a sus muertos.

Según la doctora Odalis Caldera, Secretaria de Seguridad y Orden Público del estado Zulia, para el mes de mayo de 2010, el número de secuestrados en nuestro estado era de treinta y cuatro secuestrados, aún no entraba yo a formar parte de las estadísticas. Eventos casi aislados si lo comparamos con el año dos mil diez y el primer trimestre de dos mil doce. Apoyándome en las estadísticas llevadas por Orlando Hernández Angarita, experto asesor de riesgos en su trabajo *Comportamiento del Secuestro en Venezuela* basado en cifras del CICPC desde 1997 a 2011, de la cual, a los efectos de estas memorias, he tomado solo los siguientes datos: 2008 (385), 2009 (518), 2010 (885) y 2011 (1.150). Solo en el Zulia como mencionáramos anteriormente, al mes de mayo de 2010, treinta secuestros, cada uno más despreciable que el otro.

Atrás han quedado las ancianas y los ancianos por que resultan demasiado engorrosos, requieren atención especial, su estado de salud, hipertensos, cardiópatas y con problemas renales, por decir lo menos, lo cual les hace por lo general más vulnerables. Por su parte, los secuestradores, mientras vislumbran el pago fácil, cuidan bien, brindan cuidados al cautivo, mercancía humana que sirve a sus torvas intenciones. Ahora, las víctimas son en su mayoría gente joven, sin distingo de sexo, estudiantes universitarios, promesas en el porvenir de las familias que con mucho esfuerzo logran llevar al hijo o a la hija a ese nivel de preparación.

En la Venezuela reciente, han surgido diversas modalidades de secuestro, entre ellos el denominado secuestro exprés cada vez más en aumento, motivado quizás a que, en un lapso relativamente corto, logran aprovechar de cantidades de dinero, aunque no muy elevadas, sí en un lapso relativamente rápido, además de la participación muy probable de funcionarios policiales y de la Guardia Nacional, lo cual le da visos de impunidad.

Estadísticamente se habla de que en el año dos mil siete esta actividad se incrementó en un 47 por ciento y en este sentido, informe21.com afirma que Venezuela se ubica en el puesto número ocho en la materia. En dos mil diez, solamente en Caracas, cincuenta secuestrados y, hasta el veinticuatro de marzo de dos mil once, iban veinte víctimas.

El tema del secuestro ya da para tantas cosas y en tal sentido, se reseña un caso en el dos mil once, una persona se gana la lotería del KINO y, se lo cuenta a su madrina y esta lo manda a secuestrar. De otra parte, está demostrado que muchos casos son ordenados desde las cárceles, refiriéndose en este caso al de Antonio Grassano Urbina de treinta y tres años en Turmero y supuestamente ordenado por

Freddy Enrique Sáez, preso en una cárcel y a quien se le conocía con el apodo de El Padre. Otro caso, el de unos menores de siete y nueve años de edad, rescatados sanos y salvos en Valencia, estado Carabobo. Según informe21.com del diecinueve de abril de dos mil once, algunos consideran que la presunta participación de policías y guardias nacionales implicados en un elevado porcentaje de secuestros hace que prospere la impunidad.

De tal manera que, encontramos a Venezuela considerada como uno de los países donde más secuestros se producen. De los profesionales consultados, entre ellos el Doctor Carmelo Borrego, director del Instituto de Ciencias Penales de la Universidad Central de Venezuela (UCV), existe la coincidencia de criterios en el sentido de que, a los efectos de la impunidad, responsabilizan a los funcionarios policiales, por su participación en estos hechos delictivos de los cuales no han estado exentos ni los menores de edad, dos niños con edades de siete y nueve años respectivamente, secuestrados en la ciudad de Valencia, estado Carabobo.

Venezuela incluida en los *top ten* de los países donde más secuestros se producen. Si teníamos alguna duda, vale la pena saber que para 2009, el número de secuestros en el mundo superó los 100.000 casos, ocupando México, Irak y la India, los tres primeros lugares en la lista de trece países que confrontan este problema y más aún, que la mitad de la lista está conformada por países latinoamericanos: México (1), Brasil (5), Ecuador (7), Venezuela (8), Colombia (9) y Haití (12). Otro aspecto significativo en este tipo de delito, según el doctor Fermín Mármol García, criminalista y experto en seguridad ciudadana, en 2011 presentaron 1.168 denuncias, sin embargo, el número de secuestros debe haber estado en número de 5.000, a tal efecto concluyó "Por cada secuestro denunciado, hay cinco que no se reportan". En este mismo orden de ideas, sostiene el doctor Fermín Mármol García en sus declaraciones al diario *El Carabobeño*, que el secuestro en Venezuela es un delito muy lucrativo y que con mucha frecuencia queda impune.

Refiriéndose a la manera como operan, el criminólogo Fermín Mármol García sostiene, que escogen a la víctima de acuerdo a los símbolos externos del potencial poder adquisitivo de la persona, el automóvil, la zona por donde se desplazan, entre otros. Otro aspecto señalado por él es el comportamiento logístico, contactan a los familiares y la negociación del rescate puede darse de manera directa o bajo la modalidad de, a través de expertos privados. En cuanto al promedio de pago, para esa época, dos mil diez-dos mil once, estaba en el orden de ocho mil dólares, con la particularidad, de que, en estos casos, nueve de cada diez casos, el secuestrado sale ileso.

Según el diario venezolano *El Carabobeño*, en un informe del propio gobierno de Venezuela en el año 2009, entre el 15 y 20 por ciento de los delitos son cometidos por policías, de manera especial los más violentos, homicidios y secuestros. Me pregunto, ¿qué podemos hacer? ¿En manos de quién estamos? ¿En quién podemos confiar?

# A un año del rescate

DEBO CONFESAR QUE REALMENTE NO me sentía extremadamente afectada por el evento "superado". Uno de mis azimuts hacia el norte ha sido crecer, desarrollarme espiritualmente en mi búsqueda por ser cada día "una mejor persona". Así, se presentó la oportunidad de realizar unos talleres de crecimiento personal con el atractivo y tentador título de Mujeres sin fronteras y un diplomado para Facilitadores en Programación Neurolingüística, ambos facilitados por la psicóloga Cándida Luna, profesional de larga e intensa trayectoria en el ejercicio de su profesión; su condición de profesora de la Universidad del Zulia y asesora en diversas organizaciones empresariales, hospitalarias, me motivaron y decidí asistir a los mismos.

A medida que íbamos avanzando, motivada por la obtención de algo más de conocimiento y lo que consideré "terapias de grupo" más que por el certificado al cual me hiciese acreedora junto a mis compañeros, con quienes compartí todo aquello que forma parte de mis vivencias, mis experiencias y no solo los detalles de mi condición de secuestrada, sino gran parte de estos setenta y un años a los que recién arribé. Ese compartir con esta gente bella, con virtudes y defectos como yo, con éxitos y fracasos o frustraciones como yo, con sus altas y sus bajas, como yo; con sueños igual que yo; nos condujo por un sendero que fue ampliándose a medida que avanzábamos. Yo, agradeciendo a Dios por la oportunidad de enriquecer mis años por vivir. Mis compañeros, cada uno avanzando hacia la búsqueda del objetivo perseguido.

Por esas cosas que ocurren en mi vida, recientemente tuve la oportunidad de asistir a un taller de *coaching* para gerentes en una prestigiosa institución gerencial de mi Maracaibo, el Instituto de

Gerencia Estratégica del Zulia (IGEZ). Durante la realización del evento, se realizan dinámicas diversas y en algún momento me tocó pasar por un ejercicio que consiste en: de la mano de uno de los compañeros, con los ojos vendados, dejarte conducir a través de los espacios dentro de los cuales nos estamos desenvolviendo a los efectos del curso. Debo confesar que, al contacto con el pañuelo a manera de antifaz, se me agolpó todo ese cúmulo de recuerdos del momento en que fui secuestrada y otros en los cuales se me sometió al uso de vendas sobre mis ojos, como lo fue el día de la grabación del video con la granada en el cuello y las manos y los pies encadenados.

Aún no sé qué más podrá aflorar de esos largos momentos vividos en el spa de La Lechuga, como suelo denominarlo. Mientras, ocupo mi tiempo tratando de aprender idiomas, de fortalecer mi espiritualidad a través de los estudios de temas de esta naturaleza. Quienes me conocen saben que además de la religión católica, transito por el estudio del curso de Milagros; para mí, una de las mejores y más idóneas herramientas para el crecimiento personal, especialmente porque enfatiza en llevar al ego a su más mínima expresión y, también, el estudio de la Doctrina Espírita de Allan Kardec, excelente herramienta para un verdadero desarrollo de la caridad en el ser humano y con ello, en el amor, ese amor que nos legó Jesús al dejarnos esta obligación, palabras más, palabras menos, "Amad a tu hermano como yo os he amado". En el presente, siguiendo el día a día, haciéndome eco de "bástele a cada día su propio afán".

# La rueda de prensa

LA NOCHE EN QUE SE fueron desarrollando las acciones que culminaron con mi rescate, también se produjeron actividades que permitieron el rescate de otras dos damas cuyo tiempo de cautiverio era menor que el mío. Después que se me hicieron los exámenes y chequeos de rigor, se requirió mi presencia junto con las otras dos damas rescatadas durante la noche y el día anterior, para la rueda de prensa y declaración, en relación a mi secuestro y cautiverio. Las otras dos damas habían sido secuestradas en diversos lugares de la ciudad.

Acerca de mi comportamiento durante la rueda de prensa, fue sencillamente una celebración, a mi libertad, a estar viva y con relativa salud, especialmente en ese momento, una vez realizados los chequeos de rigor en casos como este. De otra parte, estar entre amigos. Trabajaba en un canal de televisión y las primeras declaraciones fueron para mi gente, especialmente Amanda Quintero, periodista de ZuvisiónTv, quién fue receptora de mis primeras palabras y a periodistas de otras emisoras tanto de radio, prensa escrita y televisión.

Con posterioridad a la rueda de prensa, me fueron tomadas las declaraciones a la institución policial de investigación criminalística. Dejaría de ser yo, pero no puedo dejar pasar esta oportunidad, y es pertinente manifestar acerca de las limitaciones que deben sortear nuestras instituciones policiales para cumplir con sus atribuciones. Ciertamente, existen casos innegables como los surgidos en Caracas con los detenidos a quienes les exigen pagos millonarios para no pasarlos a espacios donde se encuentran presos comunes, sin embargo, no se puede utilizar siempre un rasero. Pienso que algunos de buena madre, habrá.

Igualmente, puedo atenerme al refrán que dice que "una sola golondrina no hace verano" y por ello, me voy a remitir solamente a expresar de la manera más objetiva lo observado por mí en el departamento donde me fuera tomada la declaración. Dos computadoras con impresoras, donde si tiene cartuchos, estos no tienen tinta y si la tienen, no tienen papel y tienen que bajar o salir a buscarlos, obstaculizando la labor y, lo que pudiera tomar máximo treinta minutos, duró casi dos horas. En estos tiempos de tanta tecnología, en un país cuyo gobierno presume de sus riquezas, ingentes recursos por concepto de petróleo y, sin embargo, sus cuerpos policiales, llamados a ser garantes de la seguridad de sus ciudadanos, carezcan de equipos que hoy por hoy, son básicos.

A quién tiene miles de millas recorridas en función de vivir, no me siento muy distante de las viejas máquinas de escribir Royal, IBM, Brothers, Trumph y hasta alguna Olivetti, con los funcionarios escribiendo con dos o tres dedos de sus manos y borrando con el borrador de goma de algún lápiz o más modernamente corrigiendo con aquellos papelitos blancos que se colocaban y al repasar la letra o la palabra corregían, pero dejando la huella de lo que se había pretendido corregir.

# Mensajes en el programa de televisión

AL IGUAL QUE HICE CON el diario llevado por María Luisa, no quiero obviar todos estos mensajes que constituyen el amoroso bagaje que me ha permitido continuar en mis cabales. Con humildad, ese amor que me manifestaron de manera espontánea tiene perfecto derecho a ser compartido con todos al igual que mi experiencia como secuestrada. Recientemente, alguien me preguntó si pensaba publicar "absolutamente todo" lo que me había ocurrido, e imaginando por dónde venían los tiros, o cuál era la intención, le respondí que sí, que incluso, si me hubieran violado lo diría, porque callarlo me haría más daño que manifestarlo públicamente. Estoy segura que es así. Afortunadamente, eso no me ocurrió y lamento que preguntas como esa vinieron de personas vinculadas familiarmente.

Creo que, en medio de todo, me gané un cierto respeto por parte de los secuestradores y, desde el cielo, seres del mundo espiritual deben haberme dado una amplia protección que más allá de las amenazas, no de que ellos lo harían, sino de otras personas u otros grupos que sí pudieran hacerlo. Dicho esto, comparto con ustedes estos mensajes de amigas y amigos que, son a la vez, emisores y destinatarios en estas memorias que entrego a todos, como un recuerdo que he procurado no sea un rosario de hechos desagradables por los cuales pasé, pero que ciertamente si fue una dura prueba a la cual he decidido llamar, *privilegio*. Esta decisión, es un reconocimiento eterno a Dios, por haberme permitido salir airosa de esos momentos que constituyeron los ochenta y tres días con ochenta y dos noches, en ocasiones interminables, pero fundamentada en una fe inmensa de que estaba tomada de Su mano, y si no directamente, asistida por seres elevados espiritualmente que Él nos envía, para protegernos y hacer más llevadera nuestra carga o nuestra prueba.

A la salida de mi cautiverio y con motivo de la entrevista que me hiciera la periodista Lala Romero Lugo, fueron muchos los mensajes que me fueron enviados y, aunque respetando y protegiendo su identidad, como muestra de agradecimiento, publicaré conjuntamente con lo que fueron propiamente los hechos acaecidos durante mi estadía en lo que he dado en denominar el spa de La Lechuga, y que no es por otra razón que haber regresado a la vida con dieciocho kilos menos, y apenas con algunas infecciones en las vías digestivas, respiratorias y urinarias.

"Má, estás bella. No me cansaré de darle gracias a la Divina Misericordia por haberte permitido regresar. Tú sabes que te quiero mucho. Un hijo más tienes en mí". F. Virla.

"Tan agradecida de Dios por haberte conocido... Necesito hablar contigo. Ojalá puedas. Gracias". M. Párraga.

"Gracias doy siempre por tener en mi vida personas especiales y valiosas como tú. Muy buena la entrevista. Te admiro amiga, un abrazo". S. Revilla.

"Te quiero mucho y te respeto más. Recibe un fuerte abrazo". N. Rincón.

"Doctora Clarisa, la felicito y admiro. El programa va excelente. Besitos". Bertha E.

"Un inmenso abrazo. Me alegra que no perdiera mi teléfono. Siempre estaba en mis oraciones para que nuestra Virgen Milagrosa nos la regresara con vida. Saludos". P. Rivas.

"Gracias Clarisa: Me sacaste lágrimas al final. Te amo por ese amor tan grande que hay en tu corazón". H. D.

"Bellísimas enseñanzas de una dura experiencia. Gracias por compartirlo. Abrazos". V. Márquez.

"Dios la bendiga". E. Parra.

"¡¡¡Bellísimo!!!". J. Lanza.

"Qué bonito es cuando Dios nos permite conocer a una persona que con el solo hecho de recordarla, nos pinta una sonrisa en el corazón. Doctora, yo quiero leer ese libro. Mi profundo respeto y admiración. Es cierto, solo Dios decide por nosotros. Un fuerte abrazo, que Dios la bendiga y proteja". L. D'Angelo.

"Un ejemplo de modelo a seguir. Rompe paradigmas. Que Dios me la continúe bendiciendo. Eres valiente y como dices, bienvenida a la vida y para dar, mucho que enseñarnos. Un abrazo muy fuerte. Gracias a Dios". Bodden M.

"Señora Clarisa, qué bella en el programa. La quiero mucho". F. Sulbarán.

"Ay amiga, que orgullosa me siento de ti. Cada día admiro más tu fortaleza espiritual que es tu baluarte. Que Dios y la Virgen te bendigan siempre". N. De Vita.

"Buenas noches doctora. Me tomo el atrevimiento de escribirle a esta hora, porque quisiera decirle que valioso es su testimonio de fe. Exaltando a nuestro Padre como único Salvador. 'El desierto se puede cruzar de la mano de Dios'. Nunca olvidaré sus palabras. Qué alegría tenerla de vuelta. Mi cariño y respeto por siempre". A. Romero.

"Excelente la entrevista con Lala. Mucha calidad humana. Deberías dedicarte a dar cursos de superación de vida. Eres un ejemplo innegable. Por favor, da cursos de superación espiritual y tranquilidad emocional y seré la primera en inscribirme. A ti te toca ahora ese nuevo paso en la vida. Ayúdanos". O. Pérez S.

"Buenas noches. Excelente entrevista. Muy bien lograda. Responde muchas interrogantes, sutil y sabiamente. Yo también quiero leer ese libro". G. Bell Smith.

"Clarisa, gracias por regalarme tan extraordinario programa". A. Pineda.

"Definitivamente, una persona como usted, con ese espíritu y esa entereza no podía desaparecer de la faz de la Tierra. Necesitamos muchas Clarisa Casals en este mundo. Gracias a Dios y a La Milagrosa por permitir que nos siga acompañando. Feliz noche y dulces sueños. Se le quiere mucho". P. Morales.

"Clarisa: Dondequiera que estés nuestras oraciones llegan allí y te... porque nada, absolutamente nada, detiene una oración: ¡San Miguel, protégela! ¡Virgen María, cúbrela con tu manto sagrado! ¡Corazón de Jesús, abrázala! El Señor es mi Pastor, nada me faltará... ¡Dios es mi roca!". María Boscán y Luis C.

"Hoy hace diez días, que su grata presencia nos fue arrebatada... produjo un duro golpe al corazón, porque a través de Alice —nuestra común amiga— hemos sostenido breves intercambios por e-mail, he aprendido a apreciarla y respetarla, y me pregunto, ¿por qué una dama amigable, compasiva y generosa, debe pasar por ese cautiverio? La pregunta queda en el aire... sin respuesta. Nadie. Sé que, en algún lugar, usted se encuentra haciendo gala de esa su naturaleza humana, con los que en su punto de mayor degradación hieren y al intercambiar ideas con sus captores, tratando de desenmarañar y no rogando, sino haciéndolos reflexionar... Pero por encima de todo, he imaginado a Dios cuidándola, a mi Virgen preciosa protegiéndola. Al Espíritu Santo dándole discernimiento a sus oraciones por usted ante el Todopoderoso. También ese... reencuentro con los suyos, que tanto los extrañó. Dios le bendiga y le guarde, señora Clarisa, donde quiera que se encuentre". F. Reyes.

Del diario de una Amiga:

"Son las 11:40 p. m. Estoy muy agotada... hoy te secuestraron... voy llegando al Canal y me encuentro con Heddy, Amanda, Ángel, Juan Carlos, nuestro editor.

Muchas emociones desde que me llamó Alexandra para decirme la noticia... Rafael viene en camino... No existen palabras para describir lo que sentimos, cómo estarás, que intento imitar tu serenidad hoy no lo he logrado mucho... vi el video de seguridad.

En la tarde fuimos a la iglesia Claret, la Beba organizó una misa para rezar por ti en la iglesia, solo la conocía de nombre, nunca había entrado... La Virgen Milagrosa... Sabes... sentí que ya no tenía que preocuparme... volverás pronto.

La Joya y yo nos arrodillamos frente a la Virgen y a nuestro Señor Jesucristo... corrieron libremente y pudimos drenar tantos sentimientos del día.

Pensé y pienso en el juego que hicimos hoy tú y yo del mes de octubre... Pido a Dios que la celebración sea pronto... por tu regreso...

Son muchas las llamadas... Lala totalmente descontrolada con la noticia... yo, como todos, apoyando a Rafael... me sentí orgullosa cuando llegué al Canal... vuelo... Ángel con su cara de preocupación no estaba para comentarios... su dolor...

No sé por qué te escribo... ¿para sentirme cerca? Para llorar y desahogarme, para que sientas que aquí hay mucha gente que te aprecia y respeta... construcción.

Bueno, doña Clarisa, pido a Dios también que me dé serenidad para rezar muy discretamente, pero presente en su corazón...

Tengo una oración que dice 'Espíritu Santo, sana mi mente p... del hermano herido, y aún detrás, la pureza inmaculada de Cristo. Sana mi mente para transitar con paciencia las dificultades para mi aprendizaje'.

Abrí hoy el Curso de Milagros... salió el capítulo de... cuando estés aquí... Pronto... de nuevo con nosotros... Te queremos". M. P.

# Un toque de frivolidad (II)

## Kate y Guillermo

EN ESTE RECUENTO DE MIS memorias en los días posteriores a mi liberación del spa, ante la presentación en la televisión de los actos para la boda de Kate y Guillermo nieto de la reina Isabel de Inglaterra, con estos años de vida encima vienen a mi memoria, los amores de mi casi contemporánea princesa Margarita, de sus amores por el capitán de aviación, Peter Townsend y a los cuales, su majestad Isabel II se opuso rotundamente, no se imaginaba a cuantas circunstancias tendría que ceder y acceder en los años venideros.

No mucho tiempo después del capitán Townsend, vendría el fotógrafo Tony Armstrong-Jones, con quién después de muchos estira y encoge, y la ausencia de por lo menos ocho testas coronadas europeas, logró finalmente casarse. Al igual que en otros casos, se concedió un título nobiliario para lograr otorgarle cierto color azulado al aspirante a compartir el espacio real.

Todo lo que vino después, las llamadas revistas del corazón y las menos rosa, dieron buena cuenta de las idas y venidas de la princesa que solo con la muerte, podría decirse, se quedó tranquila.

Su serenísima majestad Isabel II, ha visto divorciarse a tres de sus hijos: Princesa Ana, de Mark Philips; príncipe Carlos, de Diana y al príncipe Andrés, de Sarah. Hasta ahora, solo queda el príncipe Eduardo, conde de Wessex, casado desde mil novecientos noventa y nueve. Haciendo abstracción de los años de Jorge V para atrás, que es mucha la historia y la tela que cortar, y este no es precisamente un libro de historia; valga hurgar y conocer la tormenta que se produjo con los amores, que no amoríos del príncipe Eduardo, quién abdicó al Trono Inglés por verdadero amor a la divorciada norteamericana Wallis Simpson, personaje que pasaría de duque de York a ser Jorge VI.

Lo bonito es que cada vez más, las normas reales de los diferentes reinados y principados se van flexibilizando y ya, hasta la sangre de algunas latinoamericanas, se mezcla con los grupos sanguíneos de la realeza, dando lugar a una genética, digo yo, más balanceada. Como bien lo dijera la princesa Margarita en una ocasión: "No es fácil ser princesa" y digo yo, especialmente si se nace tal.

# Viajando con rumbo al norte

FINALMENTE HE PODIDO REALIZAR MI primer viaje al exterior desde que salí del spa. Destino: Miami. El *take off* o despegue, se efectúa a las 7:30 de la mañana. El vuelo escogido para mi viaje es el 724 de American Airlines. No dormí nada en la noche previa al vuelo preparando mi maleta poquito a poquito.

Mientras voy sacando la ropa del clóset, aflora un recuerdo para mi esposo Rafael; estoy segura que él, donde quiera se encuentre, estará más feliz que yo por este viaje. Me sonrío ante la imagen anclada en mi memoria. Por lo general, quince días antes de viajar ya él estaba preparando su maleta y yo, siempre a última hora. Primero arreglaba las de los hijos, y la mía, al final. Siempre al final me decía yo misma, lo que se va se va y, lo que se queda, se queda. En esta oportunidad, igual que la vez anterior a mi secuestro, preparaba la maleta para mi viaje a España. Me preparaba para asistir a un seminario de un curso de milagros que sería facilitado por alguien muy querido para mí, José Luis Molina Millán. Había sido diseñado para veinticinco personas y yo, me había identificado como la número veintiséis. Le había escrito y prometido que tuviera la certeza de que yo llegaría y allí arreglaría todo. Para mí era llegar a Madrid y correr para el lugar donde se llevaría a cabo el evento. A José Luís le había conocido durante los viajes con Rosa María Wynn y Lisbeth Palmar de Adrianza y se daba la coincidencia de que intervendría otro hermano muy querido, Ignacio González Campos, venezolano, de Carora, estado Lara.

Esta vez, quería ir sola a Europa, disfrutar la experiencia de valorar con mayor edad, cual sería mi desenvolvimiento. Tenía que ser cuidadosa porque iba a encontrarme con el frío otoñal y, debía escoger lo más adecuado para protegerme del frío y que no ocupara demasiado espacio en el equipaje. Ahora mismo, abril de dos mil once, iba a Miami como antesala para seguir a Nueva York.

Empecé por las fotos de mi último cumpleaños, libros, uno que otro trapito. Total, con la cantidad de kilos que perdí, he vivido estos meses con cuatro faldas y unas cuantas blusas, amén de algunas *pashminas* que me han regalado y uno que otro accesorio. Así he grabado unos cuantos programas para la televisión y mis televidentes han ido viendo crecer mi pelito con esas mechitas blancas que traviesamente me hacen sonreír. No sé si volveré al cabello rojizo cuando llegue al largo acostumbrado antes del primero de octubre del dos mil diez. Como dice Valentina Quintero, una de las personas que más conoce a Venezuela, "ya se verá".

Un poco tensa mientras hago los trámites en American Airlines y luego a inmigración. Por fortuna, la espera fue corta, el avión de American Airlines salió muy puntual ese día. Una vez instalada en la cabina, respiré profundamente, me encomendé al Espíritu Santo y cerré los ojos por algunos minutos mientras continuaba inspirando profundamente para relajarme cada vez más. No quise bajar la persiana de la ventanilla, preferí revivir los momentos cuando era "libérrima" y pilotaba mi propio avión. El lugar que me correspondió en la cabina, me permitió vivir la carrera de despegue, el despegue propiamente tal y, ubicarme mentalmente en la humilde cabina de mi Cessna 182, la YV–857P, a quien llamábamos cariñosamente la Abuelita Voladora y a la cual, posteriormente le hicieron un cambio de siglas adjudicándole las siglas YV–1834.

Poco a poco el avión cobró altura permitiéndonos, a medida que íbamos ascendiendo, contemplar la ciudad, le pedí al Padre por nuestra Maracaibo querida y nuestra gente. Agradecí este viaje y me quedé durante todo el vuelo contemplando el cielo, el mar, las nubes, ese rayo de sol que entraba salvajemente por la ventanilla, dándole luz al cuadernito que me traje por si acaso me daban ganas de escribir.

Le pedí de nuevo al Padre, misericordia para aquellos que no la tienen por sus víctimas, los secuestrados. Le pedí al Espíritu Santo todos los dones para los secuestrados. Algo que comencé a cultivar durante mi cautiverio fue la devoción conjunta a San Pedro y San Pablo. Este último siempre fue un gran personaje para mí, pero una madrugada, quizás por haber visitado la cárcel Mamertina, en Roma, donde ellos sufrieron prisión y encadenamiento, llegaron así solitos y de alguna manera fue, como una intuición y se fue hilvanando una oración invocándolos para que intercedieran ante Dios para que tocara los corazones de los secuestradores y se deshiciera la inmunda costra de odio, rencor, envidia, egoísmo, resentimiento, que les lleva a comportarse de manera tan ruin e inmisericorde con las víctimas. Estoy convencida de que no es necesario que te castiguen con golpes, violaciones, latigazos, peinillazos; la sola privación de libertad contra tu voluntad, es más que suficiente. La presión por las amenazas de que te van a amputar, te van a canjear, a violar, simplemente le agregan tensión a la víctima, para amilanarle, disminuirle y desmoralizarle hasta quebrar sus resistencias.

El vuelo transcurre de manera perfecta, ya en crucero, continúo hilvanando recuerdos. Viene a mi memoria una de esas noches en que se presentó el Cucho y, nuevamente me repitió que tenía un amigo en la cárcel de El Envigado y que hablaría con él: "Son de mucho interés para ellos las personas vinculadas a los medios de comunicación social. Pagan tranquilamente hasta cuatro millardos por ellos. Creo que eso fue lo que pagaron por Roca".

Al rato me preguntó: "¿Cómo se llama el lugar donde entierra a sus mascotas?". Si debo ser descarnadamente sincera, y ellos lo saben, nunca les mentí. La información que les proporcioné siempre fue fidedigna y corroborada por ellos. El hecho cierto es que, sopesando el peligro que mis hijos y yo corríamos había que ser sinceros y correctos. Fue así como, sencillamente, entregué todo a Dios y cuando me preguntaron de qué manera podía ayudar a mi familia a completar el pago, les dije: "Tengo algunas chucherías que no las veo en función de cosas de valor sino accesorios que pudieran tener algún valor, que, por lo general, es más el valor sentimental que el material".

A mi paso por México, en su momento, compré joyas diversas diseñadas por artistas como Sergio Bustamante, arquitecto mexicano, Los Castillo, importantes joyeros, y de otros joyeros de Taxco. También en el Museo de Zacatecas, interesante por sus trabajos en plata. Me encantan las manifestaciones originales de la cultura de un país como México, especialmente los de la cultura huichol. En algunas ferias mundiales, adquirí collares bellísimos, realizados por los indios navajos, collares egipcios, réplicas de alguno de Cleopatra. Poseo algunas tumas, piedra bastante apreciada de la cultura goajira, muy bien montadas y que tienen un gran valor. Sin embargo, en la vida real, ante una situación de cualquier naturaleza en la cual necesitas salir de un apuro, son cosas que, si uno sale a venderlas, nadie te quiere dar siquiera la mitad de lo que te costaron.

En los últimos años, a medida que uno se va desprendiendo de las cosas, se llega al punto de que nos olvidamos y, ciertamente, olvidé un collar de perlas que siempre le llamé, la Joya y una gargantilla comprada el jueves víspera del llamado viernes negro venezolano, en mil novecientos ochenta y tres. En este sentido, les voy a compartir algo que llamaré anécdota. Como gran amiga de Adita Casart Segnini, que en gloria esté, en su joyería Montserrat ubicada en el Centro Comercial Villa Inés, tuve la oportunidad de comprarle algunas prendas de las cuales, a lo largo de los años, fui desprendiéndome, regalando o vendiendo más por descargar el barco que por necesidad, que también la he tenido. En verdad, no siempre todo ha sido color de rosa; como cualquier ser humano, he tenido mis altas y mis bajas.

Mis abuelas y bisabuelas solían decir, que cuando se estaba en buena posición económica, uno debía comprar cosas de calidad; propiedades, ropa, prendas, objetos de valor, de manera que, si un día nos encontrábamos en la mala, podíamos defendernos con eso y nadie se percataría. Verdad o no, particularmente he pasado por verdes y maduras y creo que siempre a los ojos del mundo, me he mantenido más o menos igual, al parecer nadie se ha dado cuenta de cualquier revés económico en mi vida. A la hora actual, viviendo quizás con extremada sencillez, en primer lugar, porque al bajar de peso, dieciocho kilogramos, toda la ropa se me quedó casi cuatro tallas grandes y aún no he repuesto "el jaguar", (ajuar), ja, ja, ja.

El cuento de la gargantilla es que, uno de los proveedores de joyas se la trae a Adita y ella me llama para que la vea. La purita verdad es que, a mí me gustó, la podía pagar y, la compré. Me dijo Adita: "Llévatela y me la pagas después". A la mañana siguiente, muy temprano, el proveedor la llamó para decirle que la prenda ahora valía ciento veinte mil bolívares, es decir, el doble que el día anterior. Adita le dijo que "Lo sentía mucho y que ya ella la había vendido y que tanto ella como la compradora eran gente de una sola palabra". Así me encontré con algo que se tornó incomodo en los días de mi secuestro. ¿Quién le dijo al Cucho de una joya y cómo se llama el lugar donde entierra sus mascotas? Son interrogantes que quedarán sin respuesta. ¿Que se creyeran que yo era la presidenta o vicepresidenta de ZuvisiónTv? De eso sí, la prensa regional se encargó al informarlo de esta manera en sus noticieros.

# De Maracaibo a Miami

VAMOS SOBREVOLANDO CUBA. No sé si llamarla Venecuba o Cubazuela. Hace quince años tuve la oportunidad de visitar la ciudad de La Habana con motivo de una operación de columna a un familiar. Debo confesar que me encanta La Habana de las revistas del pasado, *Carteles*, *Vanidades*, de aquellos tiempos antes de Fidel. Su hermosa arquitectura hoy víctima de la lepra arquitectónica que produce el abandono y la desidia de los regímenes comunistas y socialistoides que pareciera tienen la misión de destruir los países donde implantan su ideología. Es increíble ver unas joyas de estilos arquitectónicos diversos, todas descascaradas, sus paredes, puertas, ventanas, la ciudad con calles convertidas en talleres mecánicos desde donde los nativos procuran mantener en pie sus autos que ya son joyas de colección. Triste y nostálgico se vuelve uno al observar los recuerdos tristes de un pasado que fue glorioso, si se quiere.

Me asomo una vez más por la ventanilla. Cualquiera diría que, es la primera vez que me subo a un avión. Puede decirse que ya estamos a *beam* Bahamas. Antes de prepararme para la aproximación al aeropuerto de Miami y el posterior aterrizaje, termino de llenar los formularios de inmigración y de aduana. Atrás se quedó un queso semiduro madurado y un dulce de cerecitas que con tanto amor seleccioné para mis hijos y nietos pitiyanquis y al final, decidida a que absolutamente nada perturbara la tranquilidad de un viaje que me llevará a abrazarlos, a compartir con ellos parte de esta Clarisa, ya con algún peso agregado, algo de cabello y también más fortalecida.

# Aproximación a Miami

Nos estamos aproximando a Miami. Les quiero compartir que elegí el vuelo de manera que pudiera estar unas tres horas por lo menos para encontrarme con alguien que, más que una amiga es una hermana, Ana América Boscán, compañera de vida en las buenas y en las malas y dar la oportunidad de que mis hijos Martha y Gonzalo saliesen de sus respectivos trabajos y me fuesen a esperar sin apremios. Ojalá y podamos almorzar juntas.

Durante la aproximación al Miami International Airport, desde la ventanilla diviso el *downtown*, la zona de Brickell, los diversos edificios adyacentes al aeropuerto, contenedores múltiples, vecinos a las pistas del Aeropuerto de Miami. Bastante nubosidad. Sigue siendo una hermosa ciudad.

Lentamente, el avión se incorpora al patrón de tráfico del aeropuerto aún no muy congestionado en esta temprana hora de la mañana y, muy suavemente se desplaza en una larga pierna con el viento, descendiendo cada vez más. El personal de vuelo se moviliza rápidamente para terminar el servicio, recoger y chequear todo. Lentamente, inicia el viraje a base mientras yo continúo recordando los años vividos aquí y los grandes recorridos con mi esposo durante las idas y venidas para las terapias en el Jackson Memorial Hospital, que le llevarían a la recuperación de su infarto y accidente cerebro vascular en 1984. Si bien es cierto que murió en mil novecientos noventa y nueve, también lo es que, le ganó quince años más a la vida. Lástima que finalmente se dejó vencer por la depresión ante situaciones familiares.

# El encuentro en la terminal

Tras cuatro largos años sin vernos, el encuentro con mi amiga Ana América Boscán fue sumamente grato. Lo hermoso de algunas amistades es que puedes pasar muchos años sin verles, y al estar de nuevo juntas, es como si acabáramos de vernos apenas ayer. La diferencia es el chachareo. Son tantas cosas por compartir y más en esta circunstancia, la verdad es que nos faltó tiempo. Tres horas se convirtieron en apenas un momento. Ella estaba recién salida del hospital y aún convaleciente, pero nos pudimos ver y lo pasamos bien.

Está próxima ya la hora de salida de mi vuelo para Nueva York, llega el momento de continuar y, debemos despedirnos. Tendré que caminar hasta la puerta de salida D1 y apenas estoy en la D25. Afortunadamente, dispongo aún de tiempo suficiente para llegar allí caminando, todavía me resisto a la posibilidad de ser conducida en silla de ruedas o en el carrito; de las cosas que resiento como secuela es, la recurrente inflamación o hinchazón en los pies, lo cual me causa cierta molestia y es que me hace sentir algo pesada.

# Viajando a Nueva York

A LA 1:55 DE ESTA tarde de abril se produce puntual la salida del avión desde la terminal y sin mucha cola de aviones realizando el carreteo hasta la cabecera de la pista y de inmediato el despegue. El sueño me rinde por un buen rato mientras todo el personal se encarga de que el avión, con todas las actividades que conlleva, sea conducido al aire. Apenas despegamos y apagan las señales del cinturón reclino el espaldar del asiento y descanso un ratito. En verdad, vengo de una semana intensa pero satisfactoria, no me quejo.

Después de dos meses veintitrés días sin más actividad que levantarme de la colchoneta para ir al baño, me siento como el pájaro cuando le abren la jaula, sin embargo, el tiempo que nos roban no se recupera jamás. ¿Quién me devuelve el cumpleaños de mi hijo Rafael, de mis nietos, los morochos Santiago Rafael y Mauricio y de mi hijo Gonzalo, todos en el mes de octubre? ¡Nadie!

En el aquí y el ahora, ya con el avión de nuevo a su altura y velocidad de crucero, y al igual que el tramo Maracaibo-Miami, un tiempo impecable, luminoso y casi totalmente despejado. Me recuesto de nuevo tratando de disfrutar este vuelo, más que el viaje. Sé lo que me espera, quienes me esperan, y que lo voy a pasar muy bien, no me cabe la menor duda. Pero la mente se niega a descansar y así, afloran los recuerdos de un percance acaecido muchos años atrás y forman parte de mis recuerdos, del "Miami en mis recuerdos", ese Miami que desde mil novecientos sesenta y seis, he visitado una o dos veces al año y los cuales he procurado no me aguaran la fiesta, como se suele decir.

Sabemos que, desde hace muchos años ya, en el Aeropuerto Internacional de Miami con la modalidad de darte la bienvenida con los que la gente cotidianamente denomina "los perros de la droga", y de lo cual, algunos funcionarios son temerarios al azuzarlos en algunos casos. Me vino a la memoria la oportunidad en que alguien me denunció como traficante de drogas y no me dejaron realizar el vuelo de regreso de Miami a Maracaibo, por Avensa-Servivensa. Fui retenida por la Drug Enforcement Administation (DEA) por aproximadamente cuatro horas. Me rompieron el boleto con su respectivo *boarding pass* y también el de mi hija, a quien, pese a su discapacidad, la trataron con muchas expresiones irónicas, sarcásticas, respecto a la férula y bastón de los que se vale para caminar, se la llevaron en una patrulla, tiraron su boleto y el *boarding pass* a una de las *taxi ways* de la pista del Aeropuerto Internacional de Miami. Después de cuatro horas de interrogatorio y probar y demostrar quién era yo, pude salir. Muchas disculpas, llevaron mis cosas de manera privilegiada por llevar precintos de la DEA, pero, ¿si yo no hubiera tenido modos económicos con que hacerlo, de qué manera hubiera obtenido otro boleto? ¿Cómo habría hecho para regresar a Venezuela a pesar de ser inocente?

Lo bonito y grato de este recuerdo es que el perro en cuestión, se trataba de un hermoso espécimen de raza Golden Retriever llamado Gigoló. Me lo azuzaron tres veces y en las tres azuzadas, se echaba y miraba a unos y otros. Se sentaba, los miraba a ellos como diciéndoles: ¿Qué puedo hacer si no tiene nada? Y a mí, como expresando, "Disculpa, yo solo obedezco órdenes". Curiosamente, la hermosísima Allegra, quien me acompaña desde hace casi siete años es precisamente una Golden Retriever, mi amada peluchona, por quién oré tanto pidiendo que a mi regreso la encontrara viva y que me permitieran disfrutarla un tiempo más. Fueron tantas las pesadillas que tuve en mis sueños con ella en los tiempos de las torrenciales lluvias que se produjeran sobre nuestro país y pensando que se la habrían llevado al sur del lago, la veía arrastrada por las lluvias. Eran tantas las pesadillas que oré más por ella que por mí.

Por cierto, el veintitrés de diciembre de dos mil diez, día en que regresé a casa, inicialmente no me reconoció. Se subió a la camioneta en la cual me habían trasladado y estuvo olfateando, pero sin resultado alguno. No sé si se debió al olor de la chaqueta y la gorra del funcionario de CICPC que me colocaron recién rescatada, que la impidieron reconocerme. Fue solo hasta que entré a mi habitación para bañarme, cuando finalmente lo hizo y eso fue de locura. De ahí en adelante hemos viajado al llano venezolano y es hasta este viaje al exterior cuando hemos tenido que separarnos. ¡Cuánta nobleza en ese animalito de Dios!

Recuerdo que mi Guardián me decía que allí él tenía un pitbull y que, si alguno de los que trabajaban en la finca pretendía meterse a hacer algo malo en la casa, se lo soltaba y este lo destrozaría. Para eso, decía, lo alimentaba con azúcar. Desde niña oí decir que el papelón o la panela ponían bravos a los perros. Verdad o mentira estas creencias, yo lo acepté y recordando esas cosas de mi niñez, sencillamente, me comí el cuento. ¿Habrá sido acaso el ladrido de ese perro el que oí en las dos oportunidades de la madrugada de mi liberación?

Como he comentado en reiteradas oportunidades, en ese lugar no se oía ni el aleteo de una mosca que viniera del exterior. Ni siquiera los truenos que se produjeron cuando hubo los torrenciales aguaceros de octubre, noviembre y diciembre de dos mil diez que asolaron el país y sembraron el dolor en el seno de la familia venezolana. En el interior del spa, solo el sonido de los televisores y el vallenato retumbando exageradamente. Imagino lo colocaban cuando hacían la limpieza y el aroma del desinfectante se colaba por las ranuras de la puerta mientras que el ruido, su onda expansiva llegaba hacía mis oídos haciendo que mis tímpanos vibraran; exacerbando el tinnitus que padezco desde hace más de diez años. Por supuesto que, en muy contadas ocasiones pude disfrutar oyendo el sonido de la televisión, con motivo de algún concierto de Leonardo Favio o de un concierto de música clásica, bálsamo para mí, de lo cual, no tuve reparo en agradecer a mis guardianes con un gracias en voz alta, desde mi cubículo.

Mirando hacia el pasado concluyo que, ciertamente, ningún secuestro es igual a otro, así como ningún secuestrado se comporta igual que otro. Cada uno según su personalidad, su experiencia y todo lo que se la conforma, así lo hará. Seguramente, dependiendo también del motivo del secuestro, el trato de los sujetos que intervienen en el mismo, debe ser diferente, en función del objetivo específico. En cuanto a mi secuestro, la única coincidencia con otro se dio en el *modus operandi* con un secuestro de Maracay. Fue así como dieron con la banda *Los Maracuchos*. Como detalles en común tenían: los videos, duración de las llamadas, números de teléfonos usados, etc. Se encontró que tenía conexión con dos secuestros en Maracay, estado Aragua y en Maracaibo, el secuestro de un socio de la Ritz 72 y el de Carlos Ignacio Roca, de Televisa. No fue fácil para nadie, incluidos ellos. ¿Una coincidencia o una Diosidencia? ¡Quién sabe!

Lo importante es que, tras días de ardua labor y dos noches sin dormir, según me comentó una de las funcionarias del cuerpo femenino de la Policía, quien llorando me dijo: "Llevamos dos noches sin dormir, pero, valió la pena".

# Yo, la secuestrada

LA GENTE ASUME Y ESPERA que de esta situación en mi vida se generarán cambios en algún sentido, cambiando quizás para siempre de una u otra forma. Sin embargo, ello implica inclinarnos como a una especie de autobiografía y no siempre es fácil hablar de ti, especialmente si no tienes que hablar mal de ti misma, como es mi caso.

Personalmente puedo decir que he tenido una vida rica, plena, que es diferente a llevar vida de rica. He vivido bien, no tengo el más mínimo reproche que hacer, sin ser rica o millonaria mis circunstancias me permitieron desde muy joven vestir bien, llevar con buen tino algunas joyas y, sin ser una gran belleza más allá de una criolla, hija de criollos, pero con eso que denominaban y hasta abusaban por aquellos tiempos de mi adolescencia, la palabreja *sex appeal*, se decía que yo derrochaba, eso, *sex appeal*. Desde muy niña llamaba la atención y si eso llena el ego, el mío puede sentirse bastante bien, ha tenido bastante acicate.

He dicho vida plena, porque pese a la época en la cual me tocó vivir, un pueblo interiorano, un pueblo llanero del estado Portuguesa, para ese momento, década de los cincuenta, es un pueblo en el que se vive apegado a una cantidad de prejuicios, *so pretexto* de preservar los valores familiares.

Por muchos años, de Acarigua se hablaba como la BBC, iniciales de los apellidos predominantes en esa región. En d*ónde y cómo nació esto no lo sé. Hoy de lo que recuerdo, varios apellidos de raigambre tan respetables como los de la BBC, que no es otra cosa que Barrios, Bustillos y Casal y, la forma como se emparentaban unos con otros,* y debo acotar que, afortunadamente hasta donde mi romántica memoria me transporta, todos fueron por amor.

128

Habiéndome casado a los trece años, antes de cumplir los veintiunos y para ante, mi voluntad de divorciarme y no tener que, motivado a mi condición de menor edad, quedar bajo la tutela de papá y quedarme cual tía solterona cuidando de los sobrinos que me sobrevinieran y ser pasto de las lenguas del pueblo por aquello de pueblo pequeño infierno grande. De un divorcio en esa época, difícilmente se salía ilesa, la mujer tenía todas las de perder, aun si había sido virgen y mártir. Entre los precios que se pagaban estaba que te irrespetaban y vulneraban cualquier derecho que te correspondiera, especialmente como esposa.

Yo, pagué todos los precios, sin casa, sin terrenos y sin finca, todos pertenecientes a la comunidad conyugal. Pero la vida, Dios mediante, en su sabiduría, poco a poco, me fue compensando y, a quién no había estudiado bachillerato, el mínimo de estudios requeridos para entrar a trabajar en algo impensable a pesar de un día estar jugando con mis primos varones, los Cortez Pulido, Miguel y Joseito, al ver pasar un avión para mí con destino desconocido, pensé en voz alta: "Cuando sea grande voy a ser arquitecto y aeromoza", sin saber en ese momento, que eran ambas cosas, pero sí, me correspondió ser aeromoza.

Con todo en contra, me fui huyendo a la capital de Venezuela, Caracas, y ante la necesidad de mantenerme, tenía que buscar trabajo. Por más de tener siete años de experiencia como ama de casa o doméstica de alto calibre pues había sido adquirida durante el matrimonio, tenía la seguridad de que para ese cargo no iba. Así que uno de esos días en que las cosas están a tu favor, revisando el periódico *El Universal*, de Caracas, topé con un aviso de la *Línea Aeropostal Venezolana*, solicitando *jóvenes para formarlas en un* curso para aeromozas, además de los requisitos de edad, estatura, educación, se exigía el *tí*tulo o certificado de bachiller que por supuesto, yo no tenía por no haberlo cursado motivado por mi precoz matrimonio.

Por fortuna —para mí— el certificado de bachillerato que se me exigía no lo llevé jamás, como dije antes, pues sencillamente no lo tenía. Fue mi primera gran mentira. Igualmente, con las tres cartas de recomendación que me solicitaban, jamás las llevé. Fui muy honesta con el gerente de Recursos Humanos de la empresa en este sentido al decirle que las mejores y peores recomendaciones acerca de mi persona solo yo podía darlas, alegando que de nada valía que alguien me diera una carta diciendo maravillas de mí y yo, comportarme terriblemente o, por el contrario, alguien diciendo barbaridades y yo comportarme de excelente manera. Así que, se me dio la oportunidad de presentar el examen aprobándolo con excelentes calificaciones, dándome mayor probabilidad de ingresar, sumando a ello, la buena educación, buenos modales y modestia aparte, una excelente presencia. Así me inicié en la actividad propia de un mundo llamado aviación, descubierta a partir de ese momento, como mi gran pasión. Pasión cuyo fuego se mantiene encendido casi sesenta años más tarde.

He sostenido muchas veces, que los tripulantes de las aeronaves viajamos siempre en primera clase. Ellos, los pilotos, se encargan de conducir la aeronave a su destino y nosotros, personal de cabina, somos anfitriones de nuestro hogar en las alturas. De tal manera que, yo fui aeromoza sin dejar de ser Clarisa Casals y hoy sigo siendo Clarisa Casals, sin haber relegado a la aeromoza a otros planos. Esta ha recorrido conmigo todos los escenarios dentro de los cuales me ha correspondido actuar, y, con orgullo lo sostengo, conviviendo ambas en una maravillosa simbiosis tierra-aire. Esta pasión me llevó después de culminada la carrera de abogado, cursar para piloto privado, lo cual me permitió transitar por diversos caminos y senderos inherentes a la aviación, docencia incluida, al facilitar las materias Legislación Aérea y Regulaciones Aeronáuticas gracias a mi profesión de abogado y a mi habilitación por ante el Ministerio de Transporte y Comunicaciones. Siempre haciendo lo que tenía que hacer. Nada gratis.

Hoy ya no vuelo al frente de los comandos de mi pequeño avión, una Cessna 182, sin embargo, la pasión continúa alimentándome en mis viajes, en los sueños de mi larga lista de amigos y pilotos de mi país, Venezuela, y de otras latitudes, unos conocidos otros no, pero con la misma pasión, ¡Volar!

Siempre he sostenido que, si en tu juventud no eres algo agraciada, entonces, ¿cuándo? Según algunos, ellos y ellas, el brillo y una clase natural que me da un toque diferente y más de una o de uno me hace saber que "una de las cosas que más admiré o que más admiramos en ti, ha sido la sencillez". Dejándoles dicho que he transitado por etapas de presentarme con los símbolos externos del estatus socioeconómico al cual pertenecía y mi edad, tenía que estar a tono, especialmente de la treintena en adelante. Ello no dejó de causarme problemas con alguna profesora. Por fortuna, otros aspectos de mi personalidad se colocaron por encima de las mezquindades humanas. Pese a todo lo anterior, siempre he sido sencilla, humilde, y que el hecho de poseer todo lo que pudiera tener y obtener no era acicate para que me comportara con soberbia, prepotencia, y hasta con grosería. Creo que toda mi vida, entre los veintiún años y estos setenta y ocho por los cuales estoy de tránsito por estos días, excepto al tener que defenderme porque, tampoco soy una réplica del pobrecito de Asís, el seráfico San Francisco de Asís, he tenido que mostrar dientes y uñas y una filosa lengua si es necesario. Como a todos sus hijos, Dios no omitió absolutamente nada en mi equipaje de vida, dejando a mi libre albedrío, como a todos, el mejor uso de los mismos.

*¿Qué tenía que aprender de esta experiencia cuyo inicio* se produjo el primero de octubre de dos mil diez, culminando el día veintitrés de diciembre del mismo año a las seis y cuarenta minutos de la mañana, contabilizando un total de ochenta y tres días, seis horas y cuarenta minutos? ¿Humildad, comprensión, tolerancia, solidaridad? A las pruebas me remito. Si fue una prueba no fue difícil superarla. Puedo decir que otro aspecto del cual considero vale la pena, en lo que llamo compartir información, llevé dentro de mí todo lo necesario o lo único necesario, lo único que necesitaba, y lo *único que necesitaba era* Dios.

Siempre me rio de esas manipulaciones pendejas que aparecen en Facebook, "No compartirás porque soy pobre, o humilde o porque tengo labio leporino o porque soy de color" y nos muestran un ranchito y un sin número de sandeces con un fogón con tres topias (piedras, bloques, ladrillos) sobre las cuales se apoyan el budare (comal), las ollas, el caldero o un sartén.

De niña, cuando solía pasear a caballo por la hacienda de mi papá allá en los predios de Píritu de Portuguesa me recorría los conucos y fincas de los alrededores, y aceptaba todo lo que me ofrecían y brindaban: dulces, café, refrescos, jugos, comida y galletas con diablito que aún hoy, continúan siendo una tentación. Cuando llegaba a la casa, tras el regaño, me decían: "A usted le van a pegar un cute, por andar de lambucia por ahí". En aquel entonces se creía que el cute, carare o vitíligo se transmitía si te colocaban una gota de sangre del cutoso o caratoso, como denominaban despectivamente a la persona que padecía esta, dicho en términos de hoy se diría, condición.

Setenta años más tarde, heme aquí, con las arrugas propias de mi edad, várices, canas y sin una mancha de vitíligo, carare o cute por haber comido algo proveniente de alguien malintencionado que para el caso de que efectivamente se transmitiera como comenté en el párrafo anterior, por una gota de sangre en el bocado o líquido ofrecido.

La única conclusión a la cual puedo y quiero llegar es, la infinita protección de Dios, de mi fe en Él que me mantuvo durante esos meses, días y horas que duró mi cautiverio y que, al momento de abrir la puerta de mi suite, llevó al funcionario policial a preguntar ¿Cuál de ellas es la señora Casals? ¿Me acompañaba alguien más? ¿Un ser de naturaleza espiritual? ¡Solo Dios lo sabe!

Pero a mí no me cabe la menor duda, tú puedes transitar por el más terrible desierto por inhóspito que este sea y de la mano de Dios, basta entregarte sin vacilar, sin la menor duda, con absoluta fe en que Él té sostendrá y de allí saldrás.

En este sentido, puedo decir, tengo el privilegio de haber pasado por esa prueba —si es que lo fue— y de no sentir odio o resentimiento alguno por nadie o contra nadie. Lo dije al principio, llegando al sitio de reclusión los perdoné y le dije al Padre, como si así lo hubiésemos acordado en algún lugar del universo, ¡heme aquí!

# Por qué no me marché.

MUCHA GENTE ME PREGUNTA POR qué no me voy, por qué no me marché. En verdad, nunca lo pensé siquiera. Entiendo la angustia de mi familia, pero no hay nada en el exterior que más allá de mi pasión por los viajes, me lleve a asentarme en otro país. Hoy por hoy, me acostumbré a tomar precauciones más allá de lo que las tomaba antes.

Toda mi vida está en este país al cual tanto amo. Mi terruño llanero y mi terruño zuliano son testigos de casi toda mi vida. De mi querida Caracas, de la cual traje mis dos retoños Gonzalo y Carolina y muchos años felices, y en mi Maracaibo, mi tercer vástago, Rafael Ángel. En este país se ha gestado todo lo que le da sentido a mi vida. Vida de la cual he dicho siempre no le quito ni un ápice, me lo ha dado todo dentro y fuera del país. Si cualquier noche, tuviera que entregar mis cuentas a Dios, me iría agradecida de mi país gracias al cual, he tenido uno de los gentilicios que como muy acertadamente dijera esa maravillosa mujer, Conny Méndez, "Al decir venezolana, ya lo dice uno cantando".

En ese estira y encoge que se produce inicialmente para ponerlo a uno a buen resguardo, conversé con alguien que profesa la doctrina espírita de Allan Kardec y a quién mencionaré aquí como T. González. Por esos primeros días del año se marchó a Brasil y, en el intervalo de su estadía en ese país, durante una reunión de espíritas, recibió para mí un mensaje de uno de los grandes espíritas brasileños ya desencarnado, el doctor Adolfo Bezzerra de Menezes y cuyo contenido reproduzco aquí, por lo coincidente con mi manera de pensar al momento de tomar decisión al respecto.

"Apreciada hermana Clarissa, mucha paz.

El amor de madre y de mujer está por encima de muchas cosas terrenas. Así, su ida para otro país dejando sus seres queridos, podrá ayudar su integridad física, pero, la psicológica podrá quedar más abalada (afectada) por saber los riesgos y angustias de aquellos que ama y que, quedándose en su país, podrán estar sufriendo, también víctimas potenciales de la violencia que marcó a su propia existencia en los últimos meses. Todo pasará, el tiempo se encargará de eso. Ore mucho y no deje que esa vibración de temor la envuelva. Coloque todo en las manos del Padre y estaremos amparando sus fuerzas, no importa cuál sea su decisión personal. Acepte el abrazo del hermano que la admira y ama.

Bezzerra".

Han transcurrido nueve años y por ironías de la vida, puedo decir que he luchado por quedarme en mi país y finalmente, para complacer a mis hijos me he ausentado, que no es abandonar el barco. Tienen derecho a estar en paz y si ella depende en alguna medida de mí, así será. Al fin y al cabo, estoy ya en la última curva para cumplir la hermosa cifra de ochenta años y lo que corresponde es continuar orando por que en algún momento la situación de Venezuela cambie y de la diáspora, quienes así lo deseen, puedan regresar al país. En otro país, por muy bien que se esté, siempre se extrañará tu red de apoyo constituida por esas amistades cultivadas a lo largo de tantos años que, una vez superados altos y bajos que eventualmente se hubieran tenido, se convierten en una hermosa familia con nexos si se quiere más estrechos y más sólidos que los consanguíneos.

# Epílogo

Es EXTRAÑO, PERO PASA EL tiempo y aún sonrío al recordar que por alguna razón ellos tenían una expectativa y era, "Que yo hiciese un programa para la televisión o escribiese un libro y que, entre otras cosas, mencionara que no eran delincuentes comunes y que su banda era una gran organización establecida con influencia en todo el país y dentro de la cual participaban funcionarios del alto gobierno, de los gobiernos regionales, Guardia Nacional y otros cuerpos policiales".

A ratos sonrío imaginando un programa *Contigo y aquí* con un grupo de encapuchados. Que hubiera ocurrido a la hora de salir ellos de la sede de la planta televisora ZuvisiónTv.

Mucha gente me pregunta si no me da miedo estar de nuevo en la calle, manejando, haciendo las diligencias que me corresponde como la simple ama de casa que soy. La verdad, no dispongo de chofer ni guardaespaldas. Ya es bastante lo que se vive interiormente para sumarle uno o dos personajes más.

A la hora actual, mi entrega a Dios es total y cada noche y en cada amanecer le pido que me guíe y me permita ejercer la prudencia, prudencia y más prudencia.

¿A quién puedes buscar de guardaespaldas? Los personajes con los cuales tuve más contacto, durante el secuestro, me decían que entre ellos había guardaespaldas de funcionarios gubernamentales de aquí, de allá o acullá, entonces, ¿para dónde agarro? ¿A quién recurrir?

Recién rescatada y antes de que se apagara la pantalla de ZuvisiónTv, regresaba de grabar un programa con un economista a quién me encantaba entrevistar, especialmente en los aspectos de *coaching* y programación neurolingüística (PNL) aplicados a las disciplinas desarrolladas por él. Salimos del canal por vías diferentes y, coincidiendo en los alrededores de la Plaza de la República, al verme pasar, me llamó a través del celular y me preguntó: "Doctora Casals, ¿usted anda sola, manejando y sin chofer y guardaespaldas?"; a lo que le respondí: "Sí, solo con Dios y la Virgen".

En verdad, la vida de un exsecuestrado jamás será la misma de antes. Aun si te vas a otro país, mucho de lo vivido va contigo. Adentro, en tus vísceras, queda el estremecimiento del cuerpo al momento en que te secuestraron, las cosas que sentiste ante las amenazas de los captores, la incertidumbre de adonde me llevan, que irá a pasar, los *flash backs* del sin número de momentos vividos. Hoy por hoy, solo me queda perdonar total y de manera incondicional a los perpetradores. Nuestros destinos espirituales están ligados, a lo mejor desde el pasado y lo seguirán posiblemente hacia el futuro. ¿Quién lo sabe? Solo Dios.

Por lo que a mí respecta, si es una deuda del pasado, ojalá y haya logrado saldarla. Si es hacia el futuro, que Dios me provea de entendimiento, fe y de una mayor capacidad de perdón y, sobre todo, mucha fortaleza.

# Decisión de Fiscalía

En algún párrafo de páginas anteriores me referí a los hechos de cuando estuve en la Fiscalía. En verdad, no volví a insistir sobre el tema y me dije, bueno, lo que te queda es vivir tu vida cuidándote, siendo prudente y sencillamente, continuar.

En una de estas noches en que el sueño se va de vacaciones, me puse a revisar en Google algunos aspectos que se refieren a la genealogía de mi familia y, hurgando, hurgando, de pronto saltó ante mis ojos una decisión de la Corte de Apelaciones, en la Sala dos, del Tribunal Supremo de Justicia venezolano (TSJ), dictada el día diecinueve de julio de dos mil once en la cual el imputado por el delito de secuestro y asociación para delinquir, ciudadano Nelson José Fernández, alias el Gallito; venezolano, domiciliado en un barrio de la ciudad de Maracaibo, asistido por su abogado, cuyo nombre omito, en el entendido de que, su actuación en este juicio es de carácter público.

La razón por la cual he agregado estos eventos al libro en cuyas líneas he querido reseñar mis memorias almacenadas durante esos largos ochenta y tres días, no es otra que, considerar que no sería honesto de mi parte, habiendo llegado esta decisión a mis manos, no darme por aludida o enterada y actuara como si no me hubiese enterado. Con el carácter de abogado y como miembro de una sociedad cada día más desencantada de la ausencia de la aplicación de justicia, de la impunidad en que queda una inmensa mayoría de hechos ilícitos que se han convertido en el pan nuestro de cada día, es mi deber, brindar al menos una, aunque débil, llamita que en un futuro inmediato se convierta en inmensa luz al final del túnel por el cual estamos atravesando. De quienes participaron en este hecho deleznable, se continuará encargando la justicia terrenal en la medida en que ellos continúen involucrándose en hechos de esta naturaleza y, en cuanto a la justicia Divina, operará igualmente, conforme a por lo menos, aquel viejo dicho "Quién a hierro mata, a hierro muere", vale decir, serán juzgados con la vara que Dios o el ser supremo, tiene para medir nuestras acciones.

En cuanto a mí, conocer los nombres de los participantes en mi secuestro, implica una de tantas pruebas presentadas para saber la medida de mi vocación de perdonar.

Debo manifestar que, no voy aquí a desarrollar la materia ventilada durante este proceso, sino simplemente el alegato del defensor, cuyo defendido "había sido privado de libertad sin que hubiera sido librada una orden de detención y tampoco hubiera sido detenido *in fraganti*". El otro alegato esgrimido por el defensor del ciudadano Fernández fue que también habían sido detenidos otros sujetos involucrados en el secuestro de quién esto escribe, citando a Eleuterio José Fonseca Bríñez, alias "Teyo"; a Deivis Urdaneta, alias "Mamo"; Richard Enrique Morales Palencia y a Yuselix Chiquinquirá Atencio Ortega y que los dos últimos nombrados, habían sido favorecidos con una "Medida sustitutiva de la privación judicial preventiva de libertad", conforme al artículo 256 del Código Orgánico Procesal Penal mientras que los restantes, incluido él, resultaron "privados de libertad".

La cosa jurídica continuará por los vericuetos e intríngulis de las normas penales y, lo importante es, que en alguna medida se hizo justicia, con fundamentos en la normativa penal vigente en nuestro país y, en abundante doctrina y precedentes de los cuales solo mencionaré la N. 3386 de fecha tres de diciembre de dos mil tres emanada de la Sala Constitucional del Tribunal Supremo de Justicia, ponencia que estuvo a cargo del magistrado Pedro Rafael Rondón Haaz y a la cual, los interesados podrán tener acceso. En cuanto a la doctrina, encontrarán los fundamentos en las obras que mencionaré a continuación: *Debido Proceso y Medidas de Coerción Personal* capítulo donde se encuentra la ponencia *Privación Judicial Preventiva de Libertad* del autor Orlando Monagas Rodríguez.

# Glosario de términos

*Ablandar*: Aflojar anímicamente a una persona para forzarla a realizar la acción deseada.

*Bolsa, Guevón*: Tonto, estúpido.

*Carare, cute, vitíligo*: Considerada enfermedad. Su efecto produce perdida de pigmentación en la piel, en diversas zonas del cuerpo.

*Enrollarse*: Enredarse en un lio por algo.

*Maldito*: Una forma de hacerle saber a alguien que disgusta o molesta.

*Mal pario*: Mal parido, expresión ofensiva.

*Palos:* Se refiere a millones Ejemplo Trescientos palos, Trescientos millones.

*Pantallero, Pantallería*: Persona que alardea de sus ventajas o privilegios obtenidos, en ocasiones de manera no digna.

*Pecueco*: Es un adjetivo adjudicado a una persona tildándola de persona o cosa aburrida, simple o de poca importancia. Que no sirve para nada o persona repugnante.

*Sapos, soplones, delatores*: Personas que acusan o denuncian en secreto.

*Teléfono Puyao*: Teléfono intervenido

# Post epílogo

ES MUY PROBABLE QUE ESTE libro hubiese quedado mucho mejor si el material hubiese sido recopilado por un verdadero y renombrado escritor. Sin embargo, he decidido, con el resto de ego que aún me queda por dominar, concederle un derecho del cual por nada del mundo me hubiera privado, contárselos, desde mi butaca, en primera persona.

Clarisa Casals-Castillo.

# Sobre el Autor

Clarisa Casals-Castillo

VENEZOLANA, NACIDA EN 1941 EN la ciudad de Acarigua, estado Portuguesa, en el piedemonte andino, donde se inicia la llanura venezolana y región considerada como el Granero de Venezuela. Abogado por la Universidad del Zulia, con especialidades y maestrías en las Universidades Rafael Urdaneta (URU) y Rafael Belloso Chacín (URBE) respectivamente. En otras disciplinas, es piloto de aviación, locutora y conductora de programas de radio y televisión, durante aproximadamente once años. Tiene en su haber la autoría de otros libros entre los cuales cabe mencionar, *Cronología de un Despojo*; *Yo, la otra*; *El Callejón del llanto* y *Yo, la Bruja*, su más reciente título. Actualmente residenciada en los Estados Unidos de Norteamérica, realiza su primera incursión literaria presentando a la consideración de sus lectores, su penúltima obra, *Memorias de un Secuestro*.

CPSIA information can be obtained
at www.ICGtesting.com
Printed in the USA
JSHW041349010421
13121JS00001B/3